甘肃政法学院工商管理学科建设丛书

变革管理：
基于人力资源管理视角

BIANGE GUANLI :
JIYU RENLIZIYUAN GUANLI SHIJIAO

赵 娅/著

中国财经出版传媒集团

经济科学出版社
Economic Science Press

图书在版编目（CIP）数据

变革管理：基于人力资源管理视角/赵娅著. —北京：经济科学出版社，2016.12

（甘肃政法学院工商管理学科建设丛书）

ISBN 978 - 7 - 5141 - 7717 - 6

Ⅰ.①变…　Ⅱ.①赵…　Ⅲ.①人力资源管理 - 研究　Ⅳ.①F243

中国版本图书馆 CIP 数据核字（2016）第 324660 号

责任编辑：杜　鹏　贾　婷
责任校对：王肖楠
责任印制：邱　天

变革管理：基于人力资源管理视角

赵　娅/著

经济科学出版社出版、发行　新华书店经销

社址：北京市海淀区阜成路甲 28 号　邮编：100142

总编部电话：010 - 88191217　发行部电话：010 - 88191522

网址：www. esp. com. cn

电子邮件：esp_bj@ 163. com

天猫网店：经济科学出版社旗舰店

网址：http://jjkxcbs. tmall. com

北京季蜂印刷有限公司印装

880×1230　32 开　7. 875 印张　200000 字

2017 年 5 月第 1 版　2017 年 5 月第 1 次印刷

ISBN 978 - 7 - 5141 - 7717 - 6　定价：39. 00 元

（图书出现印装问题，本社负责调换。电话：010 - 88191510）

（版权所有　侵权必究　举报电话：010 - 88191586

电子邮箱：dbts@ esp. com. cn）

前　　言

面对快速变化、动态性日益增强的外部环境，组织必须进行变革，不变革就等于坐以待毙。在创新驱动战略的时代背景下，变革与创新已成为时代的关键词，正如德鲁克所言，"变革是永恒的"。唯有变革，组织才能抓住环境中的良好机遇，才能创造增长的机会，才能塑造自身的竞争优势，获得持续发展。

但现实的变革困境告诉我们，组织变革很难获得预期目标，组织变革的成功率很少能超过50%，80%的大公司在合并时难以达到预期的财务、战略和运作协同效应（Marks，2000），甚至有些变革以失败告终。理论界与实务界都非常关注的课题却未能获得预期效果，因此，思考当代经济中组织变革的管理策略显得尤为关键。当前理论界的关注重点大都侧重于组织变革的宏观视角，如组织变革的过程、组织变革的动力与阻力等方面，但所有变革，无论是技术、结构还是人员的变革，归根结底都是变革管理者在推动、变革参与者在实施，涉及的最重要因素是变革中的人力资源，因此，组织中的人力资源管理是变革管理必须而且越来越需要重点关注的问题，微观视角研究组织变革成为目前及今后的方向所在。我们从人力资源管理视角探讨变革管理问题，包括变革模块化管理、变革惯性管理、变革压力管理、变革阻力管理、变革类型管理和变革反应管理等方面，以期能为实践中的组织变革管理提供一定的思路借鉴，实现组织变革的有效成功管理，为组织寻求长久发展打下良好的基础。

本书受国家自然科学基金项目"双认同视角下新生代知识员工不良工作行为影响机理的实证研究"（71362005）（项目主持人为付春香教授）资助，特此表示感谢！

作者
2016 年 11 月

目　　录

第一章

组织变革理论

环境是组织生存与发展的土壤，面对快速变化、动态性日益增强的环境形势，组织必须进行变革，不变革就等于坐以待毙。在创新驱动战略的时代背景下，组织只有选择不断变革、不断创新，才能更好地适应环境。组织变革已然成为组织的常态化行为。

国际商业机器公司（International Business Machines Corporation，IBM）历经百年，至今依然发展迅速，IBM 的发展可以说就是一条变革之路。纵观 IBM 发展历程，历经了四次重要转型，从"打孔机"到"计算机"，从"兼容之失"到"平台重构"，从"硬件"到"服务"，从"单线条技术升级"到"系统整合"，四次重大转型的成功中始终蕴涵着 IBM 的"变革之心"。中国企业海尔集团从一家濒临倒闭的电器小厂发展成为全球白电第一品牌，20 世纪 80 年代的全面质量管理，90 年代的业务流程再造，再到近年的"人单合一——T 模式"，海尔时刻在谋求改变与提升。而百年老店伊士曼·柯达公司长期依赖相对落后的传统胶片部门，在数字时代管理层作风偏于保守，缺乏对市场的前瞻性分析，没有及时调整公司的经营战略，最终难以逃脱破产的命运。因此，不断变革的企业才能历久弥新，基业长青，这是企业持续生存和发展的必要前提，是企业发展案例给予我们的经验与教训。

　　组织变革已然深深印刻在实践界管理者的大脑中，反映在学术领域，变革也是理论研究的热点问题。从近年管理学年会主题"互联时代的产业变革和管理创新"（2015）、"中国全面深化改革进程中的管理创新"（2014）、"中国管理的国际化与本土化"（2013）、"新经济环境下中国管理变革与范式探索"（2012）中可见一斑。变革与创新早已成为时代的关键词。

　　哈默和钱皮曾在《公司再造》一书中把 3 "C" 力量即顾客（customers）、竞争（competition）、变革（change）看成影响市场竞争最重要的三种力量，并认为这三种力量中尤以变革最为重要，"变革不仅无所不在，而且持续不断，这已成了常态"。一些学者的观点也非常鲜明：变革与超级竞争相互依存（Thomas Biedenbach & Anders Soderholm，2010），组织变革是企业生命周期内的正常活动（蒋衔武、陆勇，2009），组织必须在组织结构中建立变革管理机制来适应环境的变化和发展（张钢、张灿泉，2010），从基于管理熵的组织变革模型框架中得出组织变革是企业的一种常态行为的结论（高天鹏，2010），组织变革势在必行（陈麒，2011），甚至组织变革已趋于常态化（王玉峰、金叶欣，2013），并购、重组、业务流程再造等重大变革频率日益加快（朱其权、孙海法、罗攀峰、刘梦涛，2015），组织变革成为企业发展的必备能力（曾贱吉、欧晓明，2015），等等。专家学者的观点非常一致，那就是组织必须进行变革才能获得竞争优势，得以生存与发展。

　　实践中的组织变革需要理论的具体指导，自从 20 世纪 40 年代德裔美国著名组织管理学家库尔特·卢因（Kurt Lewin）首先提出"企业组织变革"（enterprise organizational change）这一概念以来，组织变革一直是企业管理理论界探讨的热点问题。梳理相关理论，主要包括组织变革的概念与类型、组织变革的原因和组织变革的过程等几大主题。

第一节 组织变革的概念

内涵的界定是研究的基础，界定清晰组织变革的概念，对我们掌握变革关键要素、合理管理变革具有非常重要的基础性作用。

组织变革的概念和内涵随着组织变革环境的变化，在变革的理念、技术和方法等方面不断丰富和发展。自从卢因首先提出这一概念后，对组织变革的界定经历了一个过程，早期学者主要从组织变革的目的加以定义，然后从组织变革的内容、从组织变革整体角度进行分析，近期视角发生转换，以员工为中心进行研究的比较多。

一、国外代表性定义

组织变革最早由卢因提出，随着企业内外部环境的变化，研究者对内涵的把握也在发生变化。早期就是因为认识到组织变革可以使组织适应内外部环境而进行定义的，例如，Morgan（1972）认为，组织通过变革过程可使组织更有效率地运作，达到均衡增长，保持合作性，并使组织适应环境的能力更具有弹性；Webber（1979）认为，组织变革是通过改进组织的政策结构或是改变人们的态度或行为来增进组织绩效的；Michael（1982）认为，组织变革是指组织经营行为与环境变化无法协调时，组织为适应环境变化而从事的调整过程。

同时，也有学者将组织变革内容进行分类，从组织变革的类型角度进行定义。例如，Fried and Brown（1974）认为，组织变革是一种促进结构和过程、人员和技术的变革和发展的方法；Dessler（1980）将组织变革定义为为增进组织效能而改变组织的结构、技术或人员的方法；Amir Levy and Uri Merry（1988）认为，组织变革是组织在以惯例无法处理像以前连续运作的情况下，为了生存而在每一组织结构上所作的重大调整，包括组织使命、目标和企业文化的变革；Charle W. L. Hill 和 Gareth R. Jones（1998）认为，组织变革是企业从目前的状态到未来理想的情境而增加其竞争优势的活动，主要包括改造、流程重组和创新三种活动。

纵观管理理论的发展，从古典管理理论、行为科学理论、现代管理理论到 20 世纪 90 年代以来管理理论的创新，其中发展的一个重要线索就是对人的看法发生了很大变化，从单纯的经济人到社会人，到人是组织的第一资源，对人在组织中重要性的认识日益增强。组织变革理论作为管理理论的一个分支，其发展脉络也不例外。到 20 世纪 90 年代，对组织变革的定义主要从组织成员角度来进行，例如，Recardo（1991）认为，组织变革是组织为使其成员行为与采用以前有所不同，所做的策略调整或计划；Daft（1994）认为，组织变革是一个组织采用新的思维或行为模式，人员的行为及态度的改变是组织变革的根本。

还有一些学者从其他视角分析组织变革的概念，如 Strebel（1992）从外部变革动力和组织内部变革的阻力——两股力量均衡的过程来阐述组织变革的概念。

二、国内代表性定义

国内对此定义概括比较全面的专家如周三多（2014）教授，他认为，组织变革是组织根据内外部环境的变化，及时明确组织活动的内容或重点，并据此对组织中的岗位、机构（岗位的组合）以及结构（机构间的权力配置）进行调整，以适应组织发展的要求。

张德教授（2011）则认为，组织变革是指组织根据外部环境和内部情况的变化，及时地改变自己的内在结构，以适应客观发展的需要。

张晓东、朱占峰、朱敏（2012）认为，目前大家广泛认可的定义是，组织变革就是为了适应新环境的变化和提升组织绩效，运用科学的管理方法对组织的规模、权力结构、角色设定、沟通渠道、组织与组织之间的关系，以及组织个体成员的理念、态度与行为和成员间的合作模式进行全面的、系统的、有目的的优化与调整。

可以看出，国内的定义界定了组织变革的原因、组织变革的内容和组织变革的目的，全面概括了组织变革的相关理论内容。

如前所述，组织变革的核心是组织中的人力资源，因为变革理论告诉我们变革的规律、变革的动力、面临的阻力以及变革的过程，所有变革要素中最关键的是人，离开这一关键性的变革要素，组织变革就无从谈起。因此，组织变革是人员的变革，即变革的管理者、推动者、实施者对接受者的态度和行为等方面的改变，以适应组织所处的内外部环境等方面的变化，并提高组织效能。

第二节 组织变革的类型

组织变革可以按不同标准进行分类，如根据组织变革的内容可分为结构变革、技术变革和人员变革；根据变革的程度与速度不同可分为渐进式变革和激进式变革；根据组织所处经营状况不同可分为主动性变革和被动性变革。明确组织变革的具体类型对我们研究变革中的人力资源管理策略大有裨益。

一、结构变革、技术变革和人员变革

Leaviltt 是最早将组织变革进行维度划分的学者，他的早期观点认为，组织变革有三种，即结构变革、技术变革和人员变革。Harvey、Brdwn（1988）则在此分类的基础上认为组织变革策略主要有

技术性策略、结构性策略和行为性策略三种。Stephen P. Robbins（1995）也持同样的分类观点。

1. 结构变革

组织结构是组织内部各个部门之间相互关系的框架或模型，组织构成要素之一即为组织结构。组织结构设计包括怎样按不同的职位以及部门分配工作也就是组织部门化及层级化的过程，即确定组织结构类型的过程，还包含有控制程序、管理信息系统、奖惩管理制度以及各种规范化的规章制度等一系列的运行机制。因此，组织结构变革也应该是广义的变革，既包括组织静态结构部门及层级的变化，还包括组织运行机制的变革与创新。

组织结构的变革历来未停止过脚步。梳理管理思想史可以看出，1895～1905 年马萨诸塞车祸引发了企业所有权和经营权分离①，20 世纪 20 年代初皮埃尔·杜邦改组了他的家庭公司，以及艾尔弗雷德·斯隆随之重建通用汽车公司，到后来的网络制组织结构、虚拟组织等组织形态，都是组织在结构变革方面的实践探索。

同时，组织设计包含的一个重要方面就是集权与分权问题，组织变革实质上就是权力的重新调整和分配。管理者需要对部门及个人权力范围进行扩大或缩小，调整纵向的层级设计以及横向的部门设计。结构的变革包括权力关系、协调机制、集权程度、职务与工作再设计等其他结构参数的变化。

在以结构为中心的变革方式中，并不直接侧重员工态度的转变，而是通过改变组织结构、沟通渠道、奖惩制度、管理政策与工作环境来改变员工态度。因为工作环境改变后，组织中的人会自动修正他们的行为。在这种方式的变革中，人们态度的转变似乎无关

---

① 1841 年 10 月 5 日，美国马萨诸塞至纽约的西部铁路上，两列火车迎头相撞，造成近 20 人伤亡。公众质疑铁路公司老板的管理行为。在马萨诸塞州议会的推动下，铁路公司不得不进行管理改革。老板聘任具有管理才能的人员进行企业管理，这是历史上第一次在企业管理中实行所有权和管理权的分离。

紧要，但是组织结构的任何变更必然会对人的态度产生影响，这种影响可能有助于或有利于组织结构的改变。

2. 技术变革

技术变革是针对组织的技术进行的创新，包括对作业流程与方法的重新设计、修正和组合，包括更换机器设备，采用新工艺、新技术和新方法等。管理者也可以对其用于将投入转换为产出的技术进行变革。

自从管理理论产生，技术变革同样一直在进行探索。大多数有关管理的早期研究，如"科学管理之父"泰罗（Frederick W. Taylor）的研究，是探讨那些着重于技术创新的变革努力。科学管理是基于动作和时间研究来推进变革，以提高生产的效率。时间研究就是研究人们在工作期间各种活动的时间构成。这样分析是为了保留必要的时间，去掉不必要的时间，从而达到提高劳动生产率的目的。动作研究是研究工人干活时动作的合理性，即研究工人在干活时其身体各部位的动作，经过比较、分析之后，去掉多余的动作，改善必要的动作，从而减少工人的疲劳，提高劳动生产率。科学管理理论倡导的制定工作定额、将作业环境标准化等都是在探讨新的提高生产率方法。

在信息化时代的今天，企业努力扩大计算机的应用范围，广泛采用信息技术辅助管理，进行一系列的技术改造。管理信息系统的应用已经非常广泛，从 20 世纪 60 年代的物料采购计划、70 年代的物料需求计划（material requirement planning，MRP）、80 年代的制造资源计划（manufacturing resource planning，MRP Ⅱ），到 90 年代的企业资源计划（enterprise resource planning，ERP），甚至 21 世纪的协同企业资源计划（ERP Ⅱ），企业应用先进的信息技术进行流程的重组、再设计，辅助企业进行技术的变革与创新。现在许多组织都安装了复杂的管理信息系统，辅助组织各层级的决策，信息技术的应用为组织发展奠定了坚实的基础。

3. 人员变革

人员变革是员工在态度和行为上的改变。这与组织对待员工的方式密切相关。19 世纪末 20 世纪初，科学管理理论将人视为"经济人"，单纯的物质报酬可以刺激员工提高劳动生产率。20 世纪 20 ~ 30 年代，梅奥通过霍桑试验证明人是"社会人"，提倡管理者应该关注人，让员工参与管理，自此之后管理者对人的关注逐渐增加，到后期从个体行为扩展到群体行为，再到组织行为。20 世纪 60 年代组织行为理论产生，行为科学蓬勃发展，产生了需要层次理论、双因素理论、公平理论和期望理论等时至今日影响深远的理论。人是组织的第一资源，这早已在管理学界和实践界形成共识。组织变革包括结构变革、技术变革和人员变革，但归根结底是人员的变革。变革的主要任务就是组织的权力和利益等各种资源在组织成员之间的重新分配，而组织发展的侧重点在于借以改变人与人之间关系的各种方法。因此，在组织变革中，人力资源是重点关注的对象。

在以人为中心的变革方式中，管理人员首先致力于改变人员的态度、价值观念和需求的种类与层次，通过转变人员的工作态度促使人们修正自己的行为，从而达到改进工作绩效的目的。但以人为中心的改革往往费时较多，改革成本较高，故有人认为不如改变组织结构和技术环境再借以改变人的行为来得更为快捷。我们认为，结构变革、技术变革和人员变革三者关系紧密，每一种变革实际上都会涉及其他变革，但变革的根本仍是组织中的人力资源。

二、渐进式变革和激进式变革

1972 年，哈佛大学教授葛雷纳（Larry E. Greiner）发表了著名的论文《组织成长过程中的演化与变革》，在该文中，他把企业组织变革分为进化式的演变（evolution）和剧烈式变革（revolution）。

而国内学者周三多教授认为，按照变革的程度与速度不同，可以分为渐进式变革和激进式变革；学者高天鹏认为，根据组织变革的程度不同，有两种性质的变革策略，即进化性的变革和革命性的变革（高天鹏，2010）。两者划分后包含的主要内容基本一致。

1. 渐进式变革

渐进式变革是在组织的现有价值观基本稳定的前提下，逐步对组织的结构、人员和文化等组织构成要素进行渐变的持续改进的过程。也就是说，渐进式变革"可能包括系统、流程或结构的调整，但不包括战略、核心价值观或者公司形象的根本性变革"。伊恩·帕尔默、理查德·邓福德、吉布·埃金称之为"第一阶的、渐进式的变革"。

渐进式变革认为环境变化是可以预测的，企业可以做好充分分析工作，大部分在自身掌控之中，类似于"理性的经济人"的决策原则，企业也可以制定出详细的变革方案，对结果也可以做出预测。因此，企业处在比较稳定的环境之中，变革也需要稳定，小幅前进，不需要有大刀阔斧的调整。渐进式变革中，组织有比较充足的时间制定计划，但这种变革因为只针对某一部门或某一环节，可能难以取得融合各部门运作、进行整体提升的效果。同时，这种变革假定环境比较稳定，这种假设是否客观也需斟酌。

同时，渐进式变革由于采取渐变的方式，对组织成员的影响较小，也可能是小范围的变革，因此，面临阻力相对较小，企业通常愿意选择这种形式的变革，以求顺利推进变革，实现变革目标。

2. 激进式变革

激进式变革是对组织进行大范围的迅速的变革，是革命性的变革，可能会影响组织的实质。伊恩·帕尔默、理查德·邓福德、吉布·埃金称之为"第二阶的、间断式的变革"。

与采取渐进式变革方式不同，采取激进式变革的管理者认为环境的动态特征更明显，而且变化速度越来越快，企业不能渐进式地制定变革方案，慢慢地进行变革，企业需要的是快速改变，抓住市场中转瞬即逝的机会，进行重大的战略调整。从变革的实践阶段来看，持续时间不长，企业可以快速调整，短期内有可能获得变革效果。同时，对组织的要素，如人员、结构或技术等采取的是大刀阔斧的变革措施，实现的是全面整体调整。但激进式变革幅度很大，有可能影响整个部门，造成员工的恐慌情绪，不稳定性更强，因此，可能带来更大的阻力。

伊恩·帕尔默、理查德·邓福德、吉布·埃金在《组织变革管理》一书中提到纳德勒和塔什曼对组织变革的分类，纳德勒和塔什曼以面对外部环境的变化组织变革是反应式的还是预期中的为标准，将渐进式变革和间断式变革划分为四种类型，如表1-1所示，这种更加细分的方式也值得我们深入思考与借鉴。

表1-1　　　　　　　　　　　变革的类型

	渐进式	间断式
预期中的	调节	重新定向
	提高、增进、发展：第一阶变革	身份/价值观方面——"框架弯曲"
反应式的	适应	重新创造
	从内部启动	所有基本要素的快速变革——"框架断裂"，第二阶变革

资料来源：伊恩·帕尔默（Ian Palmer）、理查德·邓福德（Richard Dunford）、吉布·埃金（Gib Akin）著，金永红、奚玉芹译. 组织变革管理［M］. 北京：中国人民大学出版社，2013：77.

三、主动性变革和被动性变革

面对内外部环境的变化，不同管理者的态度可能不同，有的主动调整，引领变革，有的却"被逼无奈"才展开变革，前者被称为主动性变革，后者被称为被动性变革。

1. 主动性变革

外部环境总是处于不断变化之中，组织要在动荡的环境中生存，必须做到与环境的协调发展，组织变革总是与组织的发展相伴相随的，但是，组织对待环境、对待变革的态度可能是不一样的，有的企业管理者具备长远发展的眼光，随时对组织环境进行分析，察觉到环境中存在的机会与威胁，根据竞争态势主动调整组织战略与战术，主动制定变革计划并强化执行力度，将变革计划顺利推进，这种组织变革是组织主动发起的，称为主动性变革。

2. 被动性变革

有的企业虽然同样是在进行变革，但往往在环境变化面前处于被动状态，似乎是环境逼迫所致才匆忙做出进行变革的决策，然后在忙乱中制定变革计划，这种组织变革中企业所处的往往是被动状态，组织变革是不得已而为之的事情，称为被动性变革。

此外，还有学者对组织变革的类型进行了划分，例如，Kimberly 和 Quinn（1984）认为组织变革可分为组织重组、策略重定位与改造重生三类；Reger（1994）将组织变革分为组织结构重整、规模合理化、组织再造和重新组织；Stoddar 和 Jarvenppa（1995）将组织变革分为企业惯例、企业文化、组织结构改变和重新规划策略。这几种组织变革类型的划分主要关注变革的内容与策略方面。

第三节 组织变革的原因

组织的生存与发展依赖于环境，环境动态性的增强要求组织不得不进行变革。

组织是由两个或更多的个体为了共同的目标而协同行动的集合体。组织的生存与发展离不开环境。系统管理理论（application of system management theory）把一般系统理论应用到组织管理之中，认为组织是一个开放的社会技术系统，该系统不断从外部环境中获得资源，经过自身将资源转化为产出，除一部分内部消耗外，剩余产出又输出到环境中，系统需要不断根据环境的变化进行自我调节，以获得自身的生存与发展。组织这个系统受到周围环境（顾客、竞争者、供应商、政府等利益相关者）的影响，同时也影响着环境。组织就是在与环境的相互影响中达到动态平衡的，如图1-1所示。可见，环境对组织发挥着重要的影响作用。

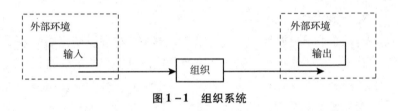

图1-1　组织系统

环境包含三个维度：环境容量、环境易变性和环境复杂性，如图1-2所示。

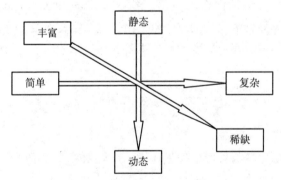

图1-2　环境的三维度模型

资料来源：［美］斯蒂芬·P. 罗宾斯. 孙健敏、李原译. 组织行为学（第十版）［M］. 北京：中国人民大学出版社，2005：484.

环境容量指的是环境中可以支持组织成长和发展的程度。丰富的和不断成长的环境可以产生额外的资源，使得组织面临资源短缺时有缓冲的余地。易变性维度反映了环境的不稳定程度。当环境中存在大量不可预测的变化时，这种环境的动态性就很强，此时，管理者很难准确预测出各种决策方案可能带来的结果。反之，稳定的环境中，管理者做出预测、决策的基础就较可靠，环境也更容易掌控。复杂性维度指环境各要素之间的异质性和集中化的状况。简单的环境是同质的和集中的，相反，复杂环境的主要特征即是异质性和分散性。

组织变革的目标即是对外而言做到组织与环境协调发展，对内而言要提高组织自身效能。推动组织变革的原因也是组织内外部因素的双重作用。外部环境的变化主要体现为技术创新、竞争者威胁和消费者偏好改变等；内部因素主要包括组织决策效率下降、内部沟通不畅、组织不同生命周期阶段调整和员工态度与行为的不积极表现等因素。

一、外部驱动因素

环境是组织生存与发展的条件（土壤），组织的各种资源从外部环境中获取，同时各种产出要在外部环境中实现。环境变化对组织的生存造成不利的威胁；环境变化也为组织的生存与发展提供新的机会。因此，从组织与环境的密切关系来看，推动组织变革力量的主要因素是外部环境的变化。

Goodstein、Burke（1991）认为，组织变革主要是由于外部环境压力而做出的变革决策，同时他们认为很少有组织是因为内部需求而做出的主动性变革。Nadler、Shaw（1995）也持类似观点，认为组织变革主要是由外部环境的不确定性引起的，外部不确定性主要包括：技术创新、法律法规的变化、市场及竞争力、组织成长、宏观经济趋势和危机、产品生命周期与产业结构变换。

外部环境的确对企业很重要，企业必须要不断地适应外部环境的变化。

目前外部环境的变化主要体现在三个方面：一是信息技术的不断发展、日新月异；二是市场竞争加剧，竞争态势发生变化；三是消费者需求的个性化趋势。

1. 信息技术的不断发展

在历史上，人类创造了许多社会文明模式，从劳动中产生并发展起来的技术革命，始终是推动社会进步的重要力量。从生产技术变化的角度来看，人类社会的文明模式经历了四个主要阶段，即采集狩猎社会、农业社会、工业社会和知识社会，而信息技术的发展推动了社会的变革和进步。

在采集狩猎社会，人类的主要目标是生存，需要维持个体生存需要的低水平物质消费。此时，人们主要利用原始技术，狩猎、采集和捕鱼构成了人们95%的食物来源方式。

在农业社会，经济以农业为主，农业技术使人们的食物供给比较稳定。此时主要是原始农牧业，是以人力、畜力为动力，以简单的手工农具为设备，是靠天吃饭的农牧业，此时生产技术发展缓慢。

在工业社会，以工业生产为经济主导成分，此时，科学技术高度发达，科技成果非常丰富，市场体制逐渐完善，生产效率全面提高，不仅满足了人们的生存需要，而且维持了高水平的发展要求。

到了知识社会，人类所利用的主要技术手段是信息技术，信息技术的出现被誉为当今世界的第三次科技革命，知识社会利用的主要资源是信息资源和知识资源，网络组织成为主要的社会组织形式。数字经济、网络经济、虚拟经济成为知识经济时代的显著特征。

知识经济时代的主体产业是信息产业，生产方式相比以前也发生了巨大变化，传统标准化、大量生产方式已不能适应信息技术的发展，弹性生产方式应运而生，可与信息技术相匹配。信息技术的发展改变着企业的运作方式。知识经济社会，科技的发展日新月异，新产品、新工艺、新技术、新方法层出不穷，对组织的固有运行机制构成了强有力的挑战。这些不仅会影响到产品，而且还会出现新的职业和新的部门，会带来管理上权责分工和人际关系的变化。例如贺卡行业，电子邮件和互联网的发展使人们送贺卡的方式发生了变化。同时，信息技术也改变着个体的生活状态，交通、信息、通信技术等迅速发展，移动电话、可视电话、电子邮件、远程会议等，尤其是因特网技术的发展，使得每个个体的生活方式更加便捷。

2. 竞争态势的变化

20世纪90年代以后，世界经济格局重新调整，经济发展表现出全球化的趋势。全球化可以在世界、国家、地区或者企业层面淋漓尽致地展现出来，经济联系更加紧密，竞争也走向全球化。数据显示，1960年美国只有10%的企业面临国际竞争，而今天则有70%以上的企业在争夺国外市场份额，在全球范围内进行竞争。在全球化的时代，跨国公司迅速发展，宝洁公司、苹果公司、IBM公司等很多世界500强公司在中国直接投资，中国市场给其贡献了相当比重的销售份额。中国企业面临的竞争也不再局限于某个地区、全中国，而是已经扩展到全球范围，中国企业要与全球的公司进行竞争。中国企业纷纷进行战略调整，进军国外市场。而海外并购也成为占领国际市场的快捷方式，并购浪潮不断涌现，同时刷新着并购金额纪录。2016年6月，美国最大金融服务机构之一摩根大通发布《日益增加的中国境外并购》报告，报告显示，亚太地区日渐成为推动强劲的全球并购活动中的重要力量，其中，中国收购方在亚太地区并购中发挥着越来越重要的作用。

同时，除世界经济全球化外，区域经济也在朝一体化方向发展，区域贸易集团的发展也使中国企业面临机遇与挑战。区域贸易集团是指地理上比较接近的两个或两个以上的国家或地区，为了维护共同的经济和政治利益，通过签订某种政府间条约或协定，制定共同的政策措施，实施共同的行动准则，甚至通过建立各国政府一定授权的共同机构。欧盟、北美自由贸易区、亚太经合组织、东盟等区域贸易集团也在促进着区域经济一体化。在区域集团内部，商品或服务、人力资源甚至货币的流通程度在不断提高，贸易壁垒在不断消除，促进了世界贸易的自由化。

全球化时代已然到来，世界是平的。美国可以把大量业务外包至印度，班加罗尔的租金和员工工资比西方国家少1/2以上，成本可大大降低。在平坦的世界中，企业面临的是全球化的竞争。全球化的实质是国家、地区、产业以及企业之间日益增强的联系，是资源在全球范围内的更好配置。企业之间的竞争日益激烈，甚至有些行业已达到"超级竞争"态势。因此，随着经济全球化的发展，竞争的日益激烈，企业不得不对原有组织结构、经营方式等进行重新设计，以塑造自身竞争优势，提高核心竞争力。

但同时需要看到的是，一方面，全球竞争的白热化程度在提高；另一方面，在当前的企业经营理念下，合作竞争日益盛行。跨国公司面临激烈的市场竞争，这给跨国公司的经营管理带来挑战，很多公司寻求与其他公司在某些方面的合作来进行优势互补，达到共赢，获取竞争优势。20世纪90年代战略联盟理论指出，战略联盟指的是由两个或两个以上有着共同战略利益和对等经营实力的企业，为达到共同拥有市场、共同使用资源等战略目标，通过各种协议、契约而结成的优势互补或优势相长、风险共担、生产要素水平式双向或多向流动的一种松散的合作模式。在合作理念的指导下，组织必然要对组织结构、战略战术和组织文化等诸多要素进行调整，以发挥合作各方的优势，实现共赢。

3. 消费者需求的变化

随着经济全球化的发展，市场早已成为买方市场，消费者拥有更多的主动权。随着时代的发展，消费者的个性更加凸显，体现在对商品与服务的需求上，则是个性化需求日渐流行。消费者需求呈现出个性化趋势。而生产企业全球统一的标准化生产模式不能满足顾客的个性化需求。在这个张扬个性的年代，消费者看重的是自身的特殊偏好，能符合自身特点、满足自身需求的商品成为消费者的主要期待，私人定制将成顾客需求主流。

如果生产商不能满足顾客需求，那么市场终会将其淘汰。因此，为了满足顾客的需求，企业需要从产品设计、生产过程到售后服务等环节进行改变，市场导向理念更为突出。同时，消费者需求呈现出快速变化之势。企业为了做到对顾客需求的快速响应，必须改变经营模式，必须在组织设计上调整为更具灵活性的组织结构形式，这些必然带来企业技术、结构和人员的变革。

戴尔公司于1984年由迈克尔·戴尔创立，总部设在德克萨斯州的奥斯汀。戴尔早已发展成为全球性大公司，成功的关键之一即是按客户需求制造计算机，戴尔认为营销有三个关键点：认识顾客，了解他们的需要、喜好及最在意的价值，了解你对他们业务效率的提升有什么帮助。戴尔公司正是以此为立足点与顾客建立直接的关系，兼顾了成本效益与顾客反应，并运用所有可能的方式与顾客建立联盟。同时，戴尔采取消除中间商的网络直销模式，这样一方面可以减少不必要的成本；另一方面可以最大限度地接近顾客，了解顾客的需要。只有以顾客为中心不断调整的企业才能不断发展。

此外，政府政策的调整、国家或地区经济形势的变化、相关法律法规的颁布与修订等也迫使组织不断调整自身的管理。

二、内部推动因素

同外部因素一样，组织内部也具有促使组织变革的因素。内部因素主要体现为组织运行过程中出现的种种效率低下的因素。

1. 管理层的调整

组织的管理者在不断调整，新管理者上任，尤其是高层管理者的调整，必然会带动组织其他要素的调整。因为高层管理者会带来新的经营理念，制定新的经营战略，在战略实施过程中，为了贯彻其理念需要调整经营方式、组织运作模式等。

2. 组织结构对经营的制约

美国管理学家阿尔弗雷德·钱德勒（Alfred Chandler）在他1962年发表的专著《战略与结构——工业企业发展的历史阶段》中，根据对四家有代表性的大公司——杜邦、通用汽车、标准石油、西尔斯公司的详细剖析，及对其他近70家大企业长达50年发展历程的研究后认为，企业的经营战略要适应环境的变化，而组织结构则随企业战略的变化而变化。如果组织战略发生变化，组织结构也要随之进行调整，如图1-3所示。

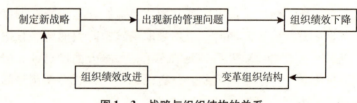

图1-3　战略与组织结构的关系

根据组织结构理论，比较常见的组织结构形式包括直线职能制、矩阵制、事业部制和网络制结构等形式。但当前大部分组织仍是传统层级体制或在科层制基础上进行微调。在环境快速变化的时代，传统层级结构的弊端暴露无遗，主要表现在：层级结构讲求正式的层级沟通，在组织规模逐渐增大的情况下，沟通效率越来越低，组织的官僚化程度越来越高，员工感受不到创新灵活的氛围，组织缺乏弹性，对外界环境的变化反应迟钝、决策迟缓，决策质量不高或做不出适当决策。这种刚性的结构形式不能适应组织环境的变化，组织必须进行结构的调整以增强组织的灵活性和适应性（Stebbins 等，1999；顾卫东，1999）。

3. 组织沟通机制不顺畅

组织自从成立就建立了正式的沟通渠道，沟通渠道沿着等级链进行，等级链是指从最高的权威者到最低层管理人员的等级系列。等级链表明权力等级的顺序，同时也表明沟通的途径。随着组织规模的扩大，可能会出现沟通不畅、摩擦增多等现象，导致信息无法及时有效传递，影响组织的决策。在快速变化的环境面前，快速响应的基础不具备，那么企业就无法做出良好有效的决策。

4. 员工态度及行为的不积极表现

组织中的重要资源——员工的表现发生变化取决于多种原因，组织不能满足员工的需要是一个因素。组织中的目标包含三个层次：组织目标、部门目标和个人目标，当各种目标出现分歧时，员工容易产生态度上的消极反应，如工作满意度下降、组织承诺水平降低、士气低落，并最终传导到行为上，消极怠工、工作效率降低、反生产性行为增加、抱怨增多，最终影响到个体绩效及组织绩效。此时，组织需要关注新入职员工及老员工的思想行为变化，一旦出现种种态度及行为的消极表现，必须要进行变革，了解员工需求，进行工作的重新设计，满足不同员工的不同需求。

5. 组织生命周期的不同特征

生命周期理论认为，任何组织从创立到发展都需要经历初创、成长、成熟和衰退四个阶段，每个阶段都有不同的特点，组织需要根据自身发展阶段判断发展策略。初创期，企业面临的经营风险较大，任何一个小小失误都有可能导致企业的夭折，企业需要随时关注生产经营状况；成长期，组织生产规模逐步扩大，实力明显增强，发展速度加快，管理规范性增强，但企业发展所需各方面管理经验都有待增强，核心竞争力及人力资源管理等问题都需注意；到成熟期，组织逐步稳定，但此时组织往往出现结构臃肿、太过复杂等情况，需要考虑调整组织结构、重设岗位职责等事项，此外还需要考虑未来发展前景问题；到衰退期，并不意味着组织要走向消亡，更多时候是组织发展的低谷阶段，此时组织的市场占有率和利润急剧下滑，组织需要重新审视自身，包括经营战略、人力资源战略、营销战略等方面，以求度过危机时刻。因此，组织的各个发展阶段都有自身的特点，都有关注的重点，变革与创新随时随地而生。任何一个组织都存在着使这个组织成长的因素，同时也存在着使这个组织衰败的因素。另外，在组织成长的每个阶段都具有的特殊矛盾。这些促使管理者采取变革的措施，以保证组织的生存与发展。

总之，在内外部因素的双重驱动下，组织必须进行变革以适应环境，谋求组织的持续稳定发展，如图1-4所示。

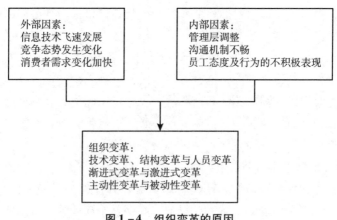

图1-4　组织变革的原因

第四节 组织变革的过程

组织变革不是一个事件，而是一个过程。无论是大刀阔斧的影响范围较大的激进式变革，还是温和的范围较小的渐进式变革；无论是对组织结构的调整，还是对组织技术的创新或人员的改革，所有变革都不是一蹴而就的事情，需要经历一个过程。对组织变革过程的理论研究开始比较早，从卢因的三步骤模型，到后来逐渐丰富发展起来的六阶段模型、七阶段模型和八阶段模型，都在探讨究竟该如何开展组织变革，丰富的组织变革过程理论也为我们开展变革管理研究提供了坚实的理论基础。

一、Lewin 变革模型

在组织变革过程研究中，最具影响力的组织变革模型是 Lewin 的变革模型。德裔美国著名组织管理学家库尔特·卢因（Kurt Lewin）是计划变革理论的创始人，他于 1951 年提出一个有计划的组织变革模型。卢因认为，组织变革的过程包括解冻、变革和再冻结三个阶段。

1. 解冻阶段

解冻阶段是组织变革前的心理准备阶段。组织本来处于一个平衡状态下，解冻就是要打破这种平衡，使员工意识到组织变革的必要性。而要增强员工对变革的意识感，就要促使人们改变原有的态度和观念并消除那些支持这些态度或观念的因素，传输给他们一些新观念。因此，组织在解冻期间的主要任务是改变员工原有的观念和态度，但改变何其艰难，因而组织必须通过积极的引导，激励员工更新观念、接受改革并参与其中。任何一个组织内部都存在着力图保持现状、抵制变革的势力。因为人们在一个熟悉的环境中感到舒适，受到的压力较小。而变革意味着有些人将会失去这种舒适感和预知感，所以他们要抵制。因此，就要有一个解冻的过程作为实施改革的前奏，使人们认识到现实总是有缺点，是可以改进的，原有的某些观念随着环境的变化是应该更新的，不能满足于现状。变革之前使人们对改革有所准备，将阻碍改革的因素减至最少，鼓励人们接受新的观念，乐意接受变革。

2. 变革阶段

这是变革过程中的行为转换阶段。进入这一阶段，组织上下已对变革做好了充分的准备，变革措施就此开始。现行的组织结构需要向新的组织结构转变；现行的行为方式需要向新的行为方式转变；现行的技术需要向新的技术转变。变革的关键环节就在于此变革行动实地进行的阶段。组织要把激发起来的改革热情转化为改革的行为，关键是要能运用一些策略和技巧减少对变革的抵制，进一步调动员工参与变革的积极性，使变革成为全体员工的共同事业。

卢因采取力场分析的方式解释了组织变革的原因，如图 1-5 所示。他认为，组织是在驱动力和阻力两种力量的较量中进行组织变革的。驱动力包括市场条件的改变、竞争对手经营策略的变化、

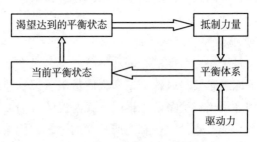

图 1-5　卢因力场分析模型

资料来源：孟范祥，张文杰，杨春河. 西方企业组织变革理论综述 [J]. 北京交通大学学报（社会科学版），2008（4）：91.

政府新推行的政策等，这也是推动组织变革的力量所在。组织本身处于驱动力和阻力的平衡状态中，推力促使组织变革达到预期的表现，而阻力则阻止这种变化。若要组织变革成功，就需要增强驱动力、减少阻力。该理论用力场分析法来阐释组织变革现象，因而也被称作"力场"组织变革模型。后来有些学者借鉴该种分析思路探讨组织变革问题。

3. 再冻结阶段

这是变革后的行为强化阶段，其目的是，通过对变革驱动力和抑制力的平衡，使新的组织状态保持相对的稳定。因此，变革阶段结束后，还应采取种种手段不断巩固和强化员工的心理状态、行为规范和行为方式等。否则，稍遇挫折，员工状态便会反复，使改革的成果无法巩固。没有这一过程，变革只是一种对组织和成员仅有短暂影响的活动，而加上再冻结阶段之后，员工的行为方式就能稳定下来，才能实现预期变革目的。卢因认为，变革阶段并不是变革过程的全部，需要加上变革前的解冻以及变革后的再冻结阶段，变革过程才算完整。

卢因的组织变革模型奠定了组织变革理论研究的基础，后来的变革过程模型都是在此模型基础上发展起来的。卢因的三阶段流程概括简练、易于理解。但此模型也存在一定的局限性：第一，在变革过程中进行哪种方式变革比较好未予以说明；第二，对变革后绩效未建立相应评价体系，关于变革效果如何评价没有进行过多阐述。

在卢因的三阶段模型基础上，学者们提出了系统变革模型、五阶段模型、六阶段模型、七阶段模型、八阶段模型和九阶段模型。

二、系统变革模型（卡斯特，1973）

美国管理学家弗里蒙特·卡斯特（Fremont E. Kast）在系统理

论学派的"开放系统模型"的基础上，加入组织变革因素分析，形成了"系统变革模型"。卡斯特认为，实施组织变革应包括六个步骤。

（1）审视状态：对组织内外环境现状进行回顾、反省、评价与研究。

（2）觉察问题：识别组织中存在的问题，确定组织变革需要。

（3）辨明差距：找出现状与所希望状态之间的差距，分析存在的问题。

（4）设计方法：提出和评定多种被选方法，经过讨论和绩效测量，做出选择。

（5）实行变革：根据所选方法及行动方案，实施变革行动。

（6）反馈效果：评价效果，实行反馈。若有问题，根据上述步骤再次循环此过程。

三、五阶段计划（Judson，1991）

Judson（1991）的变革实施模型包括五个阶段：第一，变革的分析与计划；第二，变革沟通；第三，新行为的认可；第四，从现在状态到期望状态的变革过程；第五，巩固，并使这个新的状态制度化。在每一个阶段，Judson（1991）都论证了变革的预期反应以及将对变革推动者的抵制最小化的方法，包括奖励计划以及谈判和劝导等方法。

四、六阶段模型

Cooper 和 Zmud（1989）认为，变革应该包括六个阶段：发起、采纳、适应、接受、常规化和引进（infusion）。

五、七阶段模型

Burke（1994）提出变革的七阶段模型：进入、签约、诊断、反馈、计划变革、干预和评估。

六、八阶段变革模型（科特，1995、2014）

领导研究与变革管理专家约翰·P·科特（John·P·Kotter）在其专著《领导变革》和《变革之心》中提出组织变革失败往往是由于高层管理者犯了以下错误：第一，没有能建立变革需求的紧迫感；第二，没有创设负责变革过程管理的强有力领导联盟；第三，没有确立指导变革过程的愿景和规划；第四，缺乏对愿景规划进行有效的沟通；第五，没有扫清实现愿景规划的障碍；第六，没有系统计划并获取短期利益；第七，过早宣布大功告成；第八，没能让变革在企业文化中根深蒂固。

因此，大规模变革成功需要在此基础上采取如下八个步骤：第一，增强紧迫感（create urgency），使人们立即意识到进行变革的重要性，并准备随时为此而采取行动；第二，建立指导团队（form a powerful coalition），这支团队由有一定可信度、技能、关系、声誉和权威的人员组成；第三，确立变革愿景（create a vision for change），指导团队为自己的组织变革确立合理、明确、简单而振奋人心的愿景和相关战略；第四，有效沟通愿景（communicate the vision），在相关人员内部形成一种共识，建立一种责任感；第五，授权行动，可以清除那些影响人们根据组织的愿景采取行动的障碍（remove obstacles）；第六，创造短期成效（create short-term wins），建立起变革的信心，减少抵制行为；第七，不要放松，不断推进变革（build on the charge），直到完全实现组织变革的愿景；第八，巩固变革成果，在这一阶段，组织还必须取得新的成果，并通过塑造一种新的企业文化固化变革成果（anchor the changes in corporate culture）。同时，科特通过总结组织管理实践，总结出大多数变革成功组织通常会采取的模式：目睹—感受—变革，以改变人的行为，因为在八个步骤变革中核心就在于如何改变组织中人们的行为。

七、九阶段变革模型（Galpin，1996）

Galpin 于 1996 年提出了一个包含九个阶段的轮状结构模型（即九条边的齿轮模型）。该齿轮模型认为组织变革包括九个阶段：（1）建立变革需要；（2）开发和宣传既定变革愿景；（3）诊断和分析当前状况；（4）提出建议；（5）细化建议；（6）对建议的可行性进行测试；（7）准备首次展示提议；（8）展示建议；（9）测量、加强和改进变革。

本 章 小 结

组织是进行社会生产的基本单位，成员为了共同目标协同行动。环境生态学理论认为，组织要与环境相适应，否则就难以避免被淘汰的命运。而环境呈现出动态变化的特征，这意味着组织也必须具备动态竞争能力，随时因环境而变。这种思想大都强调组织是被动适应环境的，而积极组织行为学等理论的产生与发展让我们看到了组织不只是被动适应环境，组织还有主动发起的变革，不论是组织高层管理者从战略层次进行推动，还是组织中低层管理者从部门和基层角度倡导组织变革，抑或是组织基层员工在自身工作实践中发起组织变革，组织也可以根据对环境的预测主动发起变革。不论是主动式还是被动式变革，变革后的预期目的都是提升组织动态竞争能力，获取持续竞争优势。组织变革与组织的生存和发展相伴相随。

组织变革的理论研究比较丰富，包括组织变革内涵的研究、类型的研究、动因的研究和过程的研究等。组织变革是人员的变革，即变革的管理者、推动者、实施者对接受者的态度和行为等方面的改变，以适应组织所处的内外部环境等方面的变化，提高组织效能。

组织变革可以按不同标准进行分类，如根据组织变革的内容可分为结构变革、技术变革和人员变革；根据变革的程度与速度不同可分为渐进式变革和激进式变革；根据组织所处经营状况不同可分为主动性变革和被动性变革。推动组织变革的原因也是组织内外部因素的双重作用。外部因素主要包括信息技术、竞争态势和消费者需求的不断变化；内部因素主要包括组织决策效率下降、内部沟通不畅、组织不同生命周期阶段调整、员工态度与行为的不积极表现等因素。组织变革的过程模型丰富多样，但大都以卢因三阶段变革模型为基础。卢因认为，组织变革包括解冻、变革和再冻结三个阶段，后期陆续出现系统变革模型、五阶段模型、六阶段模型以及八阶段模型等。这些丰富的研究成果为我们进行后期的研究提供了丰富的研究成果，奠定了坚实的基础。

第二章

变革管理：人力资源
模块化管理

　　企业为了谋求生存与发展，需要不断作内部的自我改变以适应外部越来越激烈的竞争环境，变革与创新能力是组织必备的关键能力。然而变革是组织自我改善、自我蜕变的过程，不是每一次严格遵循组织变革的程序就可以做到的事情，也不是每一次都能保证成功。变革过程中会遇到各种各样的问题，其中很重要的一个就是人力资源管理问题。研究表明，组织中的人力资源可能会成为组织变革进程的阻力，是某些管理者及员工在阻碍变革推进，但更需要引起我们注意的是，要想使变革成功还得需要靠组织中的人力资源，所以人力资源管理问题成为组织变革管理的关键问题。

　　国内外的专家学者就该问题已经作了不少研究，积累了比较丰富的研究成果，但有些方面仍有继续深入探讨的空间与必要。组织的内部资源构成包括人力资源、财务资源、物力资源、信息资源和技术资源等方面，其中人力资源是组织的第一资源早已成为业界的共识，组织也逐渐加强相关方面的实践探索，从传统的人事管理到人力资源管理再到人力资本管理，人力资源逐渐得到重视。组织必须充分利用人力资源为组织创造效益。而人在变革中的态度与行为也是组织理论学家与组织行为学家关注的重点，个体层面与群体层面的人力资源问题研究都有助于推动组织变革。组织变革包括对人员、结构、技术与任务的变革，但归根结底是对人员的变革。因此，梳理专家学者的研究成果有助于我们寻找变革中人力资源管理的研究方向，并为组织实践提供借鉴。

第一节　组织变革中人力资源管理的相关理论基础

随着组织变革研究的深入、变革实践的频繁开展，变革中的人力资源管理问题成为研究热点。近几年有关该问题的研究主要集中在人力资源的哪些特征、哪些表现是组织变革的动力、哪些又会成为阻力；人们阻碍变革的真正原因何在；组织变革对人力资源的影响，人力资源的应对策略以及从组织层面探讨在组织变革过程中应该如何进行人力资源管理以促进组织变革的顺利进行。同时，还有些学者研究了按职能划分的人力资源管理部门又在组织变革中起什么作用。

一、关于组织变革的动力与阻力的研究

在上一章中，我们已经谈到组织变革的动力包括外部和内部两类因素。外部因素主要包括信息技术、竞争态势和消费者需求的不断变化；内部因素主要包括组织决策效率下降、内部沟通不畅等因素。没有变革动力，组织不会轻易开展变革，甚至希望维持现状，不作任何改变。但权变理论认为，组织必须根据环境的变化而变化。组织是生存在环境中的，而环境是不断变化的，变化的内外部环境都会促使组织进行变革。

传统组织变革理论认为，由于组织机构臃肿、人浮于事等导致组织效率低下，会促使组织进行变革。近期的研究则基于比较新的

视角来研究变革的动力。

在组织变革面前，有些员工可能会选取沉默的态度，尤其是在中国文化背景下，员工沉默现象比较明显。员工对变革采取不闻不问、沉默的态度，对想让员工参与变革并提出变革建议的管理者来说，无疑收不到良好效果，但王东强、于洪卫（2009）深入分析了员工沉默对组织变革的影响，他们认为，员工沉默可以带来一定的积极影响，可能是组织变革的征兆，员工沉默可以推动组织变革，员工沉默可以成为解决变革矛盾的润滑剂。员工沉默在一定程度上促进了组织变革。从这个意义上讲，员工沉默比公开抵制对变革反而有利，变革推动者可以完全按照自己的变革计划推进变革。

但研究同时表明，组织变革的阻力也来源于员工。员工个体层面会阻碍组织变革，主要体现在两方面：一是各种既得利益的影响。在长期的工作过程中，员工已经达到一定的职位，享受一定的待遇，拥有一定的人脉资源，这些利益都有可能会被变革稀释，员工担心组织变革会动摇个人的地位等既得物质利益与精神利益；二是员工心理上的影响。变革总是充满不确定性，员工会对变革未来担忧，对变革管理者能力担忧，因而产生防御心理，甚至有些员工即使内心深处希望组织做出改变，但表面上也会阻碍变革进程。

李作战（2007）构建组织变革中的员工支持模型，以中小民营企业员工为样本，进行实证研究后认为，变革期望是一个独立变量，主要通过与感知绩效之间的落差来影响变革支持度，因此，不能忽视与员工个性气质相关的因素。也就是说，员工的个性气质不同，对变革的支持度也会有所不同，从而给了我们一个全新视角——研究员工的个性气质来减少阻力，推动变革。

二、关于组织变革对人力资源影响的研究

员工会成为组织变革的阻力，采取各种措施、表现出各种行为

阻碍组织变革，这其中必然存在一定的原因。虽然员工有时非常希望改变现状，期望着组织高层描绘的变革愿景实现，但仍然表现出抗拒变革的行为。那么员工阻碍变革的真正原因到底是什么呢？国内的专家学者主要认为组织变革会使一部分人失去既得物质利益，但更重要的是会对员工的心理产生很大的影响，给员工造成很大的精神压力。

周三多等认为，组织中的结构变动和员工的工作变动是产生压力的主要因素。宋华剑（2010）认为，组织变革中的员工心理大体呈现出以下特点：震惊、否认，带有强烈的抵抗性；产生恐惧、焦虑、沮丧和喜怒无常等不良心理现象及员工沉默等。彭移风（2008）认为，组织变革对员工是一个特殊且强大的刺激源，员工会产生心理等方面的不适。因此，内心深处的不安给员工工作、生活等各个方面带来不良影响。同时，变革必然会使一部分人的既得利益受到影响，诸如薪酬、地位等，甚至像激烈的组织变革还可能会裁员。

三、关于员工应对的研究

在组织变革中，员工既有可能损失既得利益，又有可能产生心理上的巨大压力，必然会采取措施来应对，有些员工采取积极措施，而有些员工则会消极应对。员工如何应对变革时期的压力是学者关注的一个重要领域。唐杰（2010）在《组织变革情境下的员工应对策略研究》中建立了变革情境下员工应对模型，从员工应对的前因与结果等方面进行了阐述。王玉峰、蒋枫、刘爱军（2014）综合西方分类研究结果后认为，变革压力下的应对策略包括问题解决型、寻求社会支持型和逃避型应对三种方式。员工的选择会受到人口统计变量、认知评价、人格（彭移风、宋学锋，2008）、自我效能感、组织层面以及变革本身特点因素的综合影响。郭灿云

（2011）针对人口统计学特征比较了员工在组织变革应对方式上的差异，通过修正后的量表测量发现，消极评价维度得分更高的分别为：男性；56 岁以上、26～35 岁年龄段的员工；高中/中专及以下学历的员工；工作年限较长的员工；非高级主管。郭灿云的相关分析表明，自发性、渐进性和增加性变革方式较之强制性、革命性和减少性变革方式更易产生员工的积极应对方式。

四、组织人力资源管理的研究

从组织层面上研究如何进行相应人力资源管理的比较多，资料丰富。这也是我们探讨的重要内容，只有组织层面上的人力资源管理问题研究清晰，组织管理者才能借鉴并付诸实践。

张庆瑜（2006）以某电力企业为例，通过实证研究后认为，企业应区分不同员工进行不同信息量传递，提高适应能力和心理承受能力，防止员工流失。宋华剑（2010）认为，应引入员工援助计划，与员工充分沟通，培育以人为本变革文化，以促进变革提高企业的核心竞争力。彭移风等（2008）则基于控制源、自我效能、自尊、积极情感、开放性等人格因素分析了影响员工心理应付的因素，并从使员工转变为积极的心理应付角度提出相应的管理对策。储小平（2010）认为，组织应从内部着手，如塑造支持员工发起变革的计划的文化，经常与员工沟通变革信息，鼓励员工积极参与变革等，降低员工在变革中的离职。李琪（2007）、张鑫（2008）认为，在组织变革情境下，组织的人力资源管理应走向资本化、战略化与组织柔性化。

张永生（2008）认为，组织变革过程中有两种人力资源管理模式：被动反应型和驱动型。同时认为，驱动型人力资源管理更有利于组织变革。同时，从员工自我绩效管理的角度指出员工自我绩效管理可以驱动组织变革，这种新型的人力资源管理技术可以传递组织变革必要性的预警信号，规定组织变革的内容、路径，还可以带动组织变革进程。

除了上述的一般研究外，刘钢（2010）以某创业企业为研究对象，得出不同类型组织变革中的人力资源管理有比较明显的差异的结论。

总之，目前的研究主要集中在改善员工心理、重塑组织文化、加强宏观与微观人力资源管理等方面，这些措施都有助于组织推进变革。

五、人力资源管理部门在组织变革中的作用

组织变革一般是从上到下开展的，组织高层制定变革计划并推动组织变革的进程。这其中，人力资源管理部门应该发挥什么样的作用，专家学者的研究结论比较一致。

柯健等（2008）认为，人力资源部门经理应努力成为变革的推动者与创新者。刘树奎（2008）从变革远景的形成、制定变革计划、执行变革计划等变革过程中分析了人力资源部门应起的作用。黄丹樨（2005）同样按照变革过程分析了人力资源部门在变革中的核心作用，同时还阐述了直线管理者也要进行角色转变，推动组织变革的进行。

第二节　变革中的人力资源管理未来研究方向

关于组织变革情境下的人力资源管理的研究基本成为组织领域研究的热点，但综观这些理论，仍存在着一定的不足，今后的研究走向何方值得我们思考，我们认为可朝细节化、定量化和信息化等研究方向发展，以促进组织变革。

一、人力资源管理模块化

变革进程中，人力资源是组织需要着重考虑的资源。而人力资源管理包括人力资源规划、招聘与解聘、培训、绩效评估、薪酬管理与职业生涯管理等几个环节，只有每一部分的管理措施都到位，才能实现良好的人力资源管理效果。组织变革过程中的人力资源管理同样应进行细化研究，分模块探讨人力资源管理的特点及对策，因此，无论是变革惯性管理、变革压力管理、变革阻力管理、变革类型管理，还是变革反应管理，我们都认为从人力资源管理模块进行分析探讨的思路是一个比较切合实际、更具指导意义的思路。

然而当前这方面的研究还不够丰富。柯健（2008）分人力资源模块分析组织变革中人力资源管理的分工，杜娟（2002）从职业生涯角度阐述变革下的人力资源管理，今后可深入研究。宏观上的人力资源管理策略大都得到比较一致的结论，但人力资源管理几个模块的特征不同，管理方式各异，组织变革背景下更应细化管理，才能达到相应的效果。

二、完善人力资源管理信息系统

人力资源管理信息系统，是一个由具有内部联系的各模块组成的，能够用来搜集、处理、储存和发布人力资源管理信息的系统，该系统能够为一个组织的人力资源管理活动的开展提供决策、协调、控制、分析以及可视化等方面的支持。现代化条件下，很多组织已经有了比较完善的管理信息系统，像制造资源计划 MRP Ⅱ（manufacturing resources planning）、企业资源计划 ERP（enterprise resource planning）等，人力资源管理也实现了一定程度的信息化。这里需要强调的是，组织变革中涉及员工心理状态的情况很多，尤其要完善这方面的信息，包括入职前状态、工作中的心理状态，以前变革时的表现等都要纳入其中，这样，在变革时才会针对不同员工采取不同的管理策略。组织可以加强人力资源管理信息化程度，专家学者可以综合心理学、组织行为学、管理学等理论研究如何完善其心理特征方面的信息。

三、不同类型变革中的人力资源管理工作

组织变革可以是渐进式的，也可以是激进式的；可以是小范围的局部试点，也可以是大刀阔斧的整体推进；可以是主动性变革，也可以是被动性变革。不同类型变革中涉及的人力资源管理工作肯定是有差别的，但至今对不同类型变革中如何进行人力资源管理工作研究得也较少。只有柯健等（2008）认为，在渐进式变革中，应努力培养企业的精神领袖，在激进式变革中，可引入变革代言人。因此，今后的研究方向可以针对不同类型变革探讨其人力资源管理工作。

四、直线管理者也要很好地参与人力资源管理工作

人力资源管理工作是人力资源部门的职责，这是千古不变的原则，也是组织奉行的管理理念。传统分工理论告诉我们，分工是组织设计的基本原则，但现代社会更强调分工基础上的合作，分工与协作永远是统一在一起的，直线管理者的很多工作也是与人力资源相关的，因此，在变革过程中直线管理者也应发挥更大的作用，很好地参与配合人力资源管理工作。今后可以更深入地探讨组织变革过程中人力资源管理部门及直线管理者的作用，两者的合作方式及合作途径也是值得我们思考的问题。

五、不同文化背景下如何进行人力资源管理

员工特点不同，在变革中表现出来的行为也不一样，需要针对组织内部员工的特点来进行变革。尤其在全球化背景下，组织不可避免地受到影响，也会逐步走向国际化。不论处于国际化的哪个阶段，进行变革时人力资源的表现会不太相同，霍夫斯泰德的研究表明，人们受民族文化的影响比组织文化的影响更深，因此，还应探讨不同文化背景下组织变革中的人力资源管理问题。

此外，企业类型不同，表现出的特征也不同，变革中遇到的人力资源管理问题也不同，这也可以成为一个研究方向。在研究方法上，目前研究较多的是定性分析，实证研究不充分、不系统，这样，对管理的度掌握就比较困难，应该增加定量分析尤其是实证研究建立相应的人力资源管理模型。只有进行实证分析，才能验证有关理论。

总之，人力资源永远是组织的主体并推动着组织变革，不能成为变革的被动接受者。人力资源必须积极参与其中，才能使每一次变革获得成功，才能推动组织获得长远发展，使基业长青。

第三节　变革管理：人力资源管理模块化

一、人力资源规划

计划是管理的首要职能，组织的人力资源管理工作也始于人力资源规划。人力资源规划是组织根据经营发展战略对未来人力资源所作的供需平衡计划，以确保组织需要相应数量和质量要求的人力资源。人力资源规划主要包括三个过程。

1. 预测未来人力资源需求

组织需要对未来一定时期的人力资源需求做出合理预测，这是由组织的发展目标和发展战略来决定的。管理者需要根据组织的外部宏观环境和组织自身经营战略合理预测未来需要的人力资源的数量和质量。在进行预测时，要考虑三个重要因素，即企业的目标和战略、生产力或效率的变化以及工作设计或结构的改变。具体可以通过经验推断法、总体预测法、工作负荷法、趋势预测法和回归分析法等来进行预测。预测的准确性决定着组织未来的人力资源规划的质量，因此，需要尽量做出客观、合理的预测。

2. 预测未来人力资源供给

未来一定时期组织的人力资源供给包括组织内部供给和外部供给两部分。

（1）内部供给。要做到内部供给预测，需要管理者掌握组织当前人力资源状况，所以需要先评估当前组织的人力资源状况。

组织管理者在进行人力资源规划时，需要先掌握组织内部现有人力资源状况。这个环节一般通过人力资源调查的方式来进行。在人力资源调查表中设置姓名、性别、专业、学历、资格证书、特长、经验等项目，就可以掌握员工的基本信息。在互联网技术飞速发展的今天，组织可以借助信息技术，建立人力资源数据库，做到人力资源信息化管理，更能随时掌握组织的人力资源状况。

除人力资源调查外，在对现有状况进行分析时，还需要做的一项工作是工作分析。工作分析是对工作内容和任职资格进行描述的过程，包括工作的特点和人的特点。工作分析是人力资源管理的基础，只有做好工作分析，才能制定好人力资源招聘计划，制定好培训计划，设计合理的绩效考核指标体系，完善薪酬管理等，可以说工作分析是后期各个人力资源管理模块的基础。

工作分析的结果是工作说明书。工作说明书包括岗位名称、上下级关系等基本信息，以及工作职责和任职资格。工作职责是有关工作的内容，任职资格是任职者成功完成工作的最低资格标准，包括知识、技能、经验等方面的最起码条件。工作说明书是后期开展人力资源管理工作的重要文件支撑。

在进行内部供给预测时，可以采用技能清单法、人员替代法和马尔科夫分析法等方法。

（2）外部供给。除了组织内部供给，外部劳动力市场也是一个重要考量因素。因为组织保持一定的流动性是必要的，组织需要从外部招聘符合未来发展规划的员工，组织内部也会有人退休等自然减员现象，因此，外部劳动力市场供给预测必不可少。

在实际开展预测时，需要考虑以下因素。

第一，本地区人口总量与人力资源率。它们决定了该地区可提供的人力资源总量。当地人口数量越大，人力资源率越高，则人力资源供给就越充裕。

第二，本地区人力资源的总体构成。它决定了在年龄、性别、教育、技能和经验等层次与类别上可提供的人力资源的数量和质量。

第三，本地区的经济发展水平。它决定了对外地劳动力的吸引能力。当地经济水平越发达，对外地劳动力的吸引力就越大，则当地的劳动力供给也就越充分。地理位置也是吸引外地人才的重要因素。一般来说，沿海地带对非本地劳动力的吸引能力更强。

第四，本地区的教育水平。特别是政府与组织对培训和再教育的投入，它直接影响人力资源供给的质量。

第五，本地区同一行业劳动力的平均价格、与外地相比较的相对价格、当地的物价指数、本地区劳动力的择业心态与模式、本地区劳动力的工作价值观等也将影响人力资源的供给。

另外，还有许多本地区以外的因素对当地人力资源供给有影响。如全国人力资源的增长趋势、全国对各类人员的需求与供给

（包括失业状况）、国家教育状况、国家劳动法规等。

综合内部供给和外部供给情况，就可以得到未来总体人力资源供给的数量和质量情况。

3. 根据人力资源供给和需求预测，制定满足未来人力资源需要的规划

综合人力资源需求和供给预测，可以制定人力资源平衡计划，保证组织未来人力资源供需平衡，如图2－1所示。

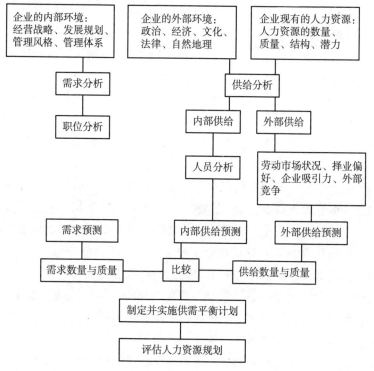

图2－1 人力资源规划过程

资料来源：作者根据相关资料修改整理。

二、人力资源招聘与解聘

1. 人力资源招聘

根据人力资源规划的结果，如果人力资源需求量大于供给量，或是组织内部人力资源结构不符合未来企业发展战略，或是有员工离职出现职位空缺等情况，组织就需要进行人力资源招聘工作。招聘是组织及时寻找、吸引并鼓励符合要求的人到本组织中任职和工作的过程。

招聘的渠道包括内部晋升和外部招聘两种方式。内部晋升是从组织内部寻找合适的人选补充空缺职位的过程。组织可以根据人力资源数据库分析寻找合适人员，或是通过发布职位公告让员工主动申请相应职位，组织再进行甄选以确定合适人员。外部招聘是从组织外部寻找合适人选补充空缺职位的过程。具体招聘方式可以通过招聘广告、校园招聘、网络招聘、内部员工推荐和职业介绍机构推荐等方式来进行。

内部晋升和外部招聘两种方式各有自身优势与劣势，内部晋升的方式具有以下优点：第一，组织和员工双方均互相了解，可以减少晋升到新职位后相互熟悉磨合的过程，减少组织效率的损失；第二，能够让内部员工看到职业生涯发展的希望，鼓舞员工的士气；第三，内部晋升成本相对来说较低。但其缺点也很明显：第一，可能会导致组织内部"近亲繁殖"现象的发生；第二，同事之间互相竞争可能会引起同事之间的矛盾，恶化人际关系；第三，可能会导致员工为了职位晋升增加"组织政治行为"①。

外部招聘刚好和内部晋升形成相反的优缺点。外部招聘具备的

---

① 组织政治行为是组织行为主体在获取、发展和使用权利以及其他资源时的各种活动，以便在情况不明或意见不统一的情况下获得想要得到的结果（Preffer，1981）。

优势包括：第一，充分发挥"鲶鱼效应"①，为组织输送新鲜血液，鼓励内部竞争；第二，具备难得的"外部竞争优势"，所谓外部竞争优势是指被聘者没有太多的顾虑，可以放手工作，具有"外来的和尚会念经"的外来优势；第三，有利于平息并缓和内部竞争者之间的紧张关系。外部招聘的缺点是：第一，双方都互不熟悉，招聘的成功性需要考虑。同时，相互熟悉了解的过程对于组织来讲，也是一段时期的效率损失。第二，外部招聘行为对内部员工的积极性造成打击。内部员工可能会发现自身的晋升发展渠道受阻，降低工作满意度，影响工作绩效。综合两种招聘渠道，企业需要根据自身情况合理选择招聘方式。

2. 人力资源甄选

甄选是从应聘者中选择合适人选的过程。甄选是组织进行招聘工作的延续，组织需要选择合适的甄选技术与手段来保证招聘的成功。比较常见的甄选技术包括笔试、面试和体格检查等。在甄选过程中，我们往往会通过员工过去的表现来判断其未来能够适应空缺岗位的情况，但过去的表现并不代表未来的成功，因此，需要测试员工的潜能，以甄别新岗位所需的能力。那么，如何能够测试出应聘者知识、能力等符合要求就成为关键问题，研究者已经开发出很多可以测量应聘者潜在素质的技术，如评价中心可以用于测试应聘者是否具备管理潜能，具体包括与人谈话、无领导小组讨论、绩效模拟训练等活动。在这些活动中，企业管理者、心理学咨询专家等模拟设计出一些在实际工作中可能遇到的问题，让应聘者来解决，从而测试其管理能力。

3. 人力资源解聘

如果人力资源供应数量超过需求数量或是其他情况，那么组织

---

① 在组织人力资源管理中，鲶鱼效应是指在组织内部人浮于事、缺乏效率等情况下，在组织内部挖掘或从组织外部引入一些"鲶鱼"，通过提升其积极性和主动性，带动和刺激组织其他人员，在组织内部形成人人向上的良好竞争氛围。

就需要进行人力资源解聘工作。

解聘常表现为以下形式。

（1）解雇。永久性、非自愿地终止合同。

（2）临时解雇。临时性、非自愿性地终止合同，可能持续若干天，也可能延续较长时期。

（3）自然减员。对自愿辞职或正常退休腾出的职位空缺不予填补。

（4）调换岗位。横向或向下调换员工岗位，通常不会降低成本，但可以减缓组织内的劳动力供求不平衡。

（5）缩短工作周。让员工每周少工作一些时间。

（6）提前退休。为年龄大、资历深的员工提供激励，使其在正常退休期限前提前退离工作岗位。

（7）工作分担。几个员工分担某一全时职位。

三、人力资源培训

培训是组织通过对员工进行有计划、有针对性的教育和训练，使其能够改进目前知识和能力的过程。培训主要注重的是员工当前工作所需知识和技能的训练，强调即时成效。

组织一般根据员工的不同类型开展有针对性的培训。针对新进员工主要进行职前引导，或叫岗前培训。岗前培训的主要内容包括组织的历史发展、组织文化、规章制度、员工的工作内容等。这些都可以让新进员工熟悉组织环境、熟悉工作内容，减少新进人员对组织和工作的担忧。

针对老员工可以开展在职培训和离职培训。常见培训方法如表2-1所示。

表 2 – 1   **员工培训方法**

典型的在职培训方法	
职务轮换	通过横向的交换，使员工从事另一些职位的工作，使员工有机会承担多种工作任务
预备实习	跟随富有经验的人、教练或导师工作一段时间，由其提供支持、指导和鼓励。这在手艺行业中也叫师徒关系
典型的脱产培训方法	
课堂讲座	讲座可以用来传授特定的技术、人际关系及解决问题的技能
电视录像	借助媒体可以清晰地展示其他培训方法不易传授的技术技能
模拟练习	通过做实际的或模拟的工作学习技能，如案例分析、实验演习、角色扮演和小组互动等
仿真培训	在一个模拟现实的工作环境中，通过工作对实际使用的同类设备学习操作

资料来源：［美］斯蒂芬·P. 罗宾斯，玛丽·库尔特著，孙健敏，黄卫伟，王凤彬，焦叔斌，杨军译. 管理学（第 7 版）［M］. 北京：中国人民大学出版社，2004：332.

四、绩效考核

员工上岗工作，管理者需要知道员工工作的完成情况，这就需要做人力资源管理的考核工作。绩效考核是指组织定期对个人或群体小组的工作行为及业绩进行考核、评估和测度的一种正式制度。绩效考核的结果可以用来作为晋升员工、薪酬管理、培训管理等的依据。绩效考核主要包括三个问题：考核什么、谁来考核和如何考核。

考核什么就是绩效考核的指标体系，考核指标是员工行为的指挥棒，对员工行为起引导作用，因此，需要合理制定绩效考核标准。需要注意的是：第一，考核内容上要做到全面，过程与结果兼顾。第二，考核指标的制定可以遵循 SMART 原则。SMART 原则是彼得·德鲁克在《管理的实践》中提出的用于目标制定和绩效指标制定的原则。他指出，制定的绩效指标要具备五个特征：具体的

（specific）、可以衡量的（measurable）、可以达到的（attainable）、相关性（relevant）和有明确的截止期限（rime-bound）。

考核员工的主体应该是熟悉员工工作的人，传统上一般由直接上级考核，但单纯一方面考核势必影响考核的全面性与公正性，因此，研究者和实践者开发出360°考核方法。这种考核方法参与考核的主体包括直接上级、直接下级、同事、自我和外部人员等，可以说包含了与员工有直接工作关系的所有人员。这种考核方法可以更加全面地评价员工，得到多方面的信息。同时，通过绩效反馈可以促进员工工作能力的提升。但是，这种考核方法缺点也很明显，需要多方面评价，绩效考核工作量比较大，而且并不是所有人都可以进行考核，还需要具备一定的知识与技能才能考核其他人。

考核的方法也有多种，如书面描述法、关键事件法、评分表法、目标管理法和多人比较法等，其中评分表法最常用，采用这种方法需要确定考核指标，然后确定权重、等级及分值，可以定量评价员工的工作情况。

五、薪酬管理

薪酬管理是人力资源管理中的关键步骤，合理的、公平的薪酬管理制度可以起到激励员工、留住人力资源的重要作用。薪酬管理，是在组织发展战略指导下，对员工薪酬支付原则、薪酬策略、薪酬水平、薪酬结构、薪酬构成进行确定、分配和调整的动态管理过程。

薪酬管理包括薪酬内容的确定、薪酬水平的确定和薪酬结构的确定等方面。

1. 薪酬内容

薪酬管理专家乔治·T. 米尔科维奇认为，薪酬是"雇员作为雇佣关系的一方所得到的货币收入及各种具体的服务和福利之和"。

根据包括的内容不同，薪酬可以分为外在薪酬（extrinsic compensation）和内在薪酬（intrinsic compensation）两部分。

（1）外在薪酬。外在薪酬指组织针对员工所作的贡献而支付给员工的各种形式的收入，包括工资、奖金、福利、津贴等。外在薪酬通常可进一步划分为：直接薪酬（或称为货币性薪酬）、间接薪酬（或称为福利性薪酬）和非货币性薪酬（或称为非财务性薪酬）。

第一，直接薪酬。直接薪酬通常是指直接以现金形式支付的薪酬，包括基本工资、绩效工资、津贴补贴、长期激励（如利润分红、公司股票购买权或股票期权）等。一般来说，直接薪酬与员工的工作或技能价值及绩效紧密相关。

第二，间接薪酬。间接薪酬通常指的是组织为员工提供的福利性薪酬，它往往不以货币形式直接支付，而多以实物或服务的形式支付，如公共福利、养老金、医疗保险、带薪休假、各种服务（如员工餐厅、通勤车辆）等。一般来说，福利性薪酬与员工的职位等级有关，与绩效无关。

第三，非货币性薪酬。非货币性薪酬通常由组织控制，也是员工比较看重的灵活的薪酬，如满意的工作环境、引人注目的头衔、较高的生活质量等。

（2）内在薪酬。内在薪酬是员工从工作本身中体验到的内在价值，是一种心理体验，是精神上的满足感，包括工作感（工作满意度、工作责任感、工作成就感）和精神感（较高的社会地位、舒适的工作环境、个人成长机会、工作时间的灵活性与分配的自主性、职业培训等）。

2. 薪酬水平

薪酬水平是指企业中各职位、各部门以及整个企业的平均薪酬水平，薪酬水平决定了企业薪酬的外部竞争性。

3. 薪酬结构

薪酬结构指的是同一组织内部的薪酬等级数量以及不同薪酬等级之间的薪酬差距大小。

4. 薪酬管理政策

薪酬管理政策主要涉及企业的薪酬成本与预算控制方式以及企业的薪酬制度、薪酬规定和员工的薪酬水平是否保密等方面的问题。

六、职业生涯管理

职业生涯管理在人力资源管理中的重要性日益凸显，也成为组织留人的关键因素。职业生涯管理是组织通过对员工的工作及职业发展的设计、规划、执行、反馈与修正，为员工构建职业发展的渠道，协调员工个人需求与组织需求，从而实现组织发展目标和个人发展目标有机结合、相互促进的过程（冯光明等，2013）。职业生涯管理包括员工自我管理和组织管理两个方面。员工对自身的职业发展有一个规划，但组织也必须重视员工的职业发展问题。组织需要为员工设置良好的职业发展路径，目前比较流行的做法是设置管理路径、技术路径以及两者形成的网络路径。员工可以根据自身情况选择管理或者技术路径，也可以在合适的情况下转换路径。组织需要了解员工职业生涯的阶段性，协调组织发展目标与个人发展目标，帮助员工拟订职业计划，帮助员工实现职业计划，选择职业管理模式。

本 章 小 结

组织变革包括结构变革、技术变革和人员变革，但归根结底还是人员的变革，是人力资源在推动变革，也在成为变革的阻力来源。因此，变革中的人力资源管理问题显得尤为关键。当前对该领域的研究包括组织变革的动力与阻力的研究、组织变革对人力资源影响的研究、员工应对与组织人力资源管理的研究以及人力资源管理部门在组织变革中作用的研究等几个方面。而人力资源管理包括人力资源规划、招聘与解聘、培训、绩效考核、薪酬管理和职业生涯管理等环节，因此，可以按照模块进行变革中的人力资源管理工作。

人力资源规划是组织根据经营发展战略对未来人力资源所作的供需平衡计划，以确保组织需要相应数量和质量要求的人力资源。招聘是组织及时寻找、吸引并鼓励符合要求的人到本组织中任职和工作的过程。培训是组织通过对员工有计划、有针对性的教育和训练，使其能够改进目前知识和能力的过程。绩效考核是指组织定期对个人或群体小组的工作行为及业绩进行考核、评估和测度的一种正式制度。薪酬管理，是在组织发展战略指导下，对员工薪酬支付原则、薪酬策略、薪酬水平、薪酬结构、薪酬构成进行确定、分配和调整的动态管理过程。职业生涯管理是企业帮助员工制定职业生涯规划和帮助其职业生涯发展的一系列活动。变革中，人力资源管理良好运作，才能保证变革取得预期效果。

因此，可以按照人力资源管理的模块进行变革中的人力资源管理，我们后面的变革惯性管理、变革压力管理和变革反应管理等都是按照这种思路进行分析探讨的，以期为变革中的人力资源管理提供一定的借鉴之处。

案例：海尔以市场链为纽带的大企业业务流程再造

一、海尔集团基本情况

海尔集团创立于 1984 年，至今已有 30 多年历史，从一个亏损

147 万元的企业，发展到全球营业收入 1887 亿元，集科研、生产、贸易及金融各领域于一体的大型国际化企业集团。

海尔集团在不断创新中寻求发展壮大，经过了名牌战略发展阶段、多元化战略发展阶段、国际化战略发展阶段、全球化品牌战略发展阶段四个阶段，2012 年 12 月海尔集团进入第五个发展阶段——网络化战略阶段。每个阶段的战略都随时代的发展而变化调整，唯有不变的是创新，是"人"的价值的实现，使员工在为用户创造价值的同时实现自身的价值。

二、以市场链为纽带的大企业业务流程再造

海尔在管理创新上经历了全面质量管理 TQM、"日事日毕，日清日高 OEC""吃休克鱼"方式的企业重组、市场链为手段的业务流程再造（1999 年开始）、"人单合一双赢"模式（2005 年开始），每一次的管理创新都给海尔带来了新的契机，大大提升了海尔的国际竞争力。其中，以市场链为纽带的大企业业务流程实质是寻求企业流程和员工素质与国际化企业全面接轨，突破"大企业病"的"瓶颈"，解决企业国际化经营过程中的倍速发展问题，与当时的国际化战略密切配合。

"以市场链为纽带的大企业管理流程再造模式"主要是指以索酬（S）、索赔（S）和跳闸（T）为手段，以流程再造为核心，以订单为纽带，重新整合管理资源与市场资源，在 OEC 管理平台上形成每一个人（流程）都有自己的顾客、每一个人（流程）都与市场零距离、每一个人（流程）的收入都由市场来支付的管理运营模式。

三、以市场链为纽带的大企业业务流程再造中的人力资源管理

（一）通过培训、沟通等措施确立创新观念

海尔认为，企业管理的创新来源于观念的创新，没有经营观念和思想的创新，就谈不上有其他的创新。从 1998 年 8 月开始通过不断的培训、沟通，使全体管理者和员工接受并认同观念创新是先导、战略创新是方向、组织创新是保障、技术创新是手段、市场创新是目的的创新体系。市场链管理流程再造模式的观念创新之处在于索赔观念、跳闸观念和负债经营的观念在全体员工思想中的确立。在这种经营观念下，市场链模式能使每一位员工成为独立经营的主体，形象地讲，就是"人人都是老板"。同时，索赔的观念、跳闸的观念和负债经营的观念使海尔成为一个"赛马场"，每个员工都要通过"赛跑"来看是否有能力，体现和追求自己的价值，从而达到经营自我、不断地挑战自我、战胜满足感，实现不断地超越自我的境界，催生着海尔永远处在创新的轨道上。

（二）建立起以追求顾客满意度最大化为标准的员工绩效考核激励机制

以追求顾客满意度最大化为标准的员工绩效考核机制实质是解决员工创新活力问题。流程再造前，海尔员工工作行为是围绕着OEC 管理标准完成企业下达的目标任务，工作的动力就是上级下达的目标，目标完成了，动力也随之结束了。如何进一步提高效率和工作目标是管理者的事情，员工只需要执行就可以了。就其机制本身没有产生进一步创新的动力和活力。这样就不能及时响应快速变化的市场需求。流程再造后，不管是管理者还是普通员工，都直接面对用户，员工工作行为不仅仅只是对上级负责，更重要的是对用户负责，并且只有顾客满意了，最终上级才能满意，而顾客满意是动态的，是个性化的，反过来要求每一个员工必须不断创新，这种激励约束机制就是岗位市场链机制。

它的主要思想是根据国际化的运作和海尔员工的实际情况，全面提高员工的素质，最大限度地发挥每一个人的工作潜力和责任心，必须使每个人都成为一个市场主体，以 OEC 管理为平台，通过市场链把每个员工自己的目标和企业的目标有机地结合起来。每个人都有一个市场，每个人根据市场的需求（与市场签订 SST 合同/契约）确定自己的主项指标和辅项指标，并且量化指标及酬劳，通过三 E

卡（OEC 管理）进行控制，每天都有差异，每天都有索酬，如果服务不到位，每天都有索赔，每个人的收入都用目标标准来衡量，只要每个人的工作都达到目标和标准效果，那么他就能获得较高的收入。

（三）职能型组织结构转变成流程型网络结构

企业的组织结构是实现企业经营战略目标的基础和保证，也是管理系统的载体，是企业获取利润的工具。因此，企业组织结构能否追随经营战略和适应市场变化的需求对于企业的生存发展具有重大的战略意义。而当今的"市场唯一不变的法则就是永远在变"（海尔观念）的情况下，要求企业内部组织结构必须不断地创新。海尔的组织结构是随着战略的转移和市场环境的变化而创新的。从实现海尔名牌战略的职能式结构、实现海尔多元化战略的事业本部结构到实现海尔国际化战略的流程型网络结构，体现了海尔组织创新之路。其中，流程型网络结构是一种对传统组织结构彻底的创新，达到世界大企业组织结构创新的尖端水平，为国际化企业提供了业务流程再造的成功经验和模式，实现了由传统的功能型组织向流程型组织的转变。

（四）以市场链为纽带的大企业业务流程再造模式运作平台

1. 海尔企业文化：创新为灵魂

"海尔之道"即创新之道，海尔以"没有成功的企业，只有时代的企业"的观念，致力于打造基业长青的百年企业，一个企业能走多远，取决于适合企业自己的价值观，海尔的发展观即为创业精神和创新精神。

创业创新的两创精神是海尔文化不变的基因。

海尔不变的观念基因，既是对员工个人发展观的指引，也是对员工价值观的约束。"永远以用户为是，以自己为非"的观念基因要求员工个人具备两创精神。

创业精神即企业家精神，海尔鼓励每个员工都应具有企业家精神，从被经营变为自主经营，把不可能变为可能，成为自己的 CEO。

创新精神的本质是创造差异化的价值。差异化价值的创造来源于创造新的用户资源。

两创精神的核心是强调锁定第一竞争力目标。目标坚持不变，但为实现目标应该以开放的视野有效整合、运用各方资源。

2. OEC 管理法

张瑞敏提出了"日事日毕，日清日高"的管理理念。海尔的研究者们称之为"OEC 管理法"，意为全方位地对每天、每人、每事进行清理控制。

"OEC"管理法，即英文"Overall、Every、Control and Clear"的缩写。其内容：O——Overall（全方位）、E——Everyone（每人）、Everything（每件事）、Everyday（每天）、C——Control（控制）、Clear（清理）。"OEC"管理法也可表示为："日事日毕、日清日高"。即：每天的工作每天完成，每天工作要清理并要每天有所提高。

"OEC"管理法由三个体系构成：目标体系→日清体系→激励机制。先确立目标；日清是实现目标的基础工作；日清的结果必须与正负激励挂钩才有效。

这个管理法的执行过程是非常枯燥的。它的实施需借助于一个叫做 3E 卡的记录卡，要求每个工人每天都要填写一张 3E 卡，3E 卡将每个员工每天工作的七个要素（产量、质量、物耗、工艺操作、安全、文明生产、劳动纪律）量化为价值，每天由员工自我清理计算日薪（员工收入就跟这张卡片直接挂钩）并填写记账，检查确认后给班长，不管多晚班长都要把签完字的卡拿回来，再签完字交给上面的车间主任，车间主任审核完后再返回来，就这样单调的工作天天填月月填，不管几点钟下班都得完成。据说海尔就这样一直进行了多年，并且到目前为止还丝毫没有准备放弃的迹象！

　　海尔实行 OEC 管理是以海尔的企业文化作为基础的，不同的管理制度需要不同的文化背景。也就是说，文化不同，落实这种管理可能会"水土不服"。另有资深专家认为，之所以有的企业坚持不下来，是因为执行 OEC 太困难、太累。此管理法要与企业里的每个人发生关系。相对而言，与敌人（对手）斗争很容易，但与自己斗争特别是与自己顽固的思想斗争则是非常枯燥非常累的，更何况还得坚持。这是一场自我挑战、自我革新、自我超越，其难度可想而知了。当然不是不可实现的，关键是企业要先战胜自己。

四、以市场链为纽带的大企业管理流程再造模式的效果

　　海尔集团实施 SST 管理集成模式后，集团整体在降低管理费用、提高劳动生产效率、资金利用效率、增加税收、出口创汇、减人增效等方面取得了前所未有的好效果，经济效益、社会效益显著比整合前均有大幅度提高，完全证明了海尔国际化战略下的管理流程再造模式具有显著的创新性、效果性、可操作性。

　　资料来源：海尔集团 2000 年 8 月全国企业管理现代化创新成果申报材料及海尔集团网站资料。

评论：

　　海尔在进行以市场链为纽带的业务流程再造中，整合了原来的业务流程，建立了流程市场链，在各项指标上取得了显著效果。其中，少不了培训、沟通、绩效考核、激励等人力资源管理的良好配合，少不了海尔创新文化、OEC 管理模式的支持。变革是一项大工程，需要组织各方的全力合作才能实现预期目标。

第三章

变革惯性管理：基于人力资源管理的视角

在环境急剧变化的时代，组织变革早已深入人心，成为企业的常态化行为。前已述及，有关组织变革的理论研究很丰富，主要体现在组织变革的内涵、组织变革的过程、组织变革的动力与阻力以及推进措施等方面，这些研究成果指导着企业实施各种类型的组织变革。但实践中的组织变革失败率依然居高不下，尤其是针对深层次的组织变革，更是难以达到理想的效果，调查显示，只有不到30%的组织变革基本达到了预期目的。一方面，组织变革势在必行；另一方面，组织变革却难以推进，难以获益，究其原因，组织惯性是影响组织变革成败的一个关键因素，从一定程度上说，组织惯性阻碍着组织变革的推进，因此，消除惯性就成为理论界探索的热点。当前的研究主要是从宏观层面探讨减少组织惯性的措施，如组织结构重建、组织文化调整等。但组织变革从根本上说是人员的变革，组织惯性来源于组织结构、组织规模、组织文化等方面，最根本的来源仍是组织中的人力资源，因此，应该抓其根源，从人力资源角度探讨管理组织惯性的措施。

《谁动了我的奶酪》中的寓言故事就深刻表明了这个人们通行的做法。该书由美国作家斯宾塞·约翰逊所著，1998年出版后成为畅销书目之一。书中通过四个"人物"——两只小老鼠"嗅嗅""匆匆"和两个小矮人"哼哼""唧唧"描述了现实中的人类面对变化时的表现。嗅嗅和匆匆看到变化立即行动，最终找到更好的奶酪。而两个小矮人哼哼和唧唧，面对变化却犹豫不决，沉迷于以往，不肯接受改变的现实。最终唧唧经过激烈的思想斗争，终于冲破了思想的束缚，行动起来，寻找到奶酪；而哼哼却仍在郁郁寡欢、怨天尤人，不做任何行动。两个小矮人的表现形象地说明了人类面对变化时的表现。因此，面对组织的变化，有些员工也会表现出像"哼哼"一样的行为，我们需要寻找到其中的原因，探究改变对策。

第一节　组织惯性相关理论

随着外部环境竞争的日趋激烈，企业早已意识到组织变革的必要性，也在进行组织变革的实践，并将其逐步常态化。同样，在组织理论研究领域，组织变革问题研究也受到前所未有的重视。理论界和实践界的认识非常一致。而组织开展变革时非常关注变革的结果——组织绩效问题，期望通过组织变革能提升组织绩效。在探讨组织变革和组织绩效这两个问题时，专家学者容易涉及组织惯性的概念。组织惯性在阻碍着组织变革的推进。当前，国外对此研究已比较深入，而近些年也受到国内专家学者的重视。专门研究组织惯性的文献从数量上看并不多，从内容上看，当前对组织惯性的研究主要集中在以下方面：对组织惯性内涵、来源与影响因素的研究；对组织惯性与组织变革及组织绩效关系的研究；对管理组织惯性对策的探讨。

一、组织惯性的内涵

组织惯性来源于物理学中的"惯性"（inertia）概念，是指物体在不受外力的作用下始终保持静止或运动状态，即保留原有状态的趋势。牛顿在《自然哲学之数学原理》中将运动第一定律（即惯性定律）表述为："每个物体都保持其静止或匀速直线运动的状态，除非有外力作用于它迫使它改变那个状态"，也就是说，在不受外力作用的情况下，物体本身处于静止状态仍会保持静止，处于运动状态则仍会保持运动的状态，即物体具有静者恒静、动者恒动的固有属性。

20世纪80年代以后，组织研究学者逐渐将惯性概念应用到组织理论中，用来指组织保持原来状态的趋势。提出组织惯性概念的是 Bonoma，他于1981年在《哈佛商业评论》发表文章指出，组织惯性是成功企业产生的一种行为，容易遵循既有营销管理策略，这样会延误企业观察市场环境变化。此时，环境的变化速度日益加快，成功的企业可能会习惯于稳定环境下的成功经验而最终无法做出改变，只能退出历史舞台。组织惯性概念的界定随着管理理论的发展经历了一个过程。在早期研究中，组织惯性多从单一维度进行界定，有代表性的是：组织生态学家汉南（Hannan）和弗里曼（Freeman, 1984）从环境选择的角度提出的"结构惯性"概念、Hodgkinson（1997）从企业主角度提出的"认知惯性"概念和 Sull（2000）从组织行为角度提出的"行为惯性"概念。这三个单一维度概念也成为后来研究组织惯性的基础。之后专家学者的研究逐渐从单一维度扩展到多个维度、整体组织视角。

国内学者定义组织惯性也经历了一个不断深化、不断增强认识的过程。从战略层次进行界定的学者认为惯性使组织保持原有的战略（王龙伟等，2004；汪克夷，2009），他们认为，甚至包括抵制战略方面的变化（丁德明等，2007；赵杨，2009）。从行为和认知角度分析，组织惯性是一种认知和行为范式，这些范式是由于组织过去发展形成的，并与环境变化不符（简兆权、刘益，2001；陈扬等，2011）。还有学者从惯性的物理属性出发，从总体上分析组织惯性，当外部环境变化时，组织会倾向于原有运作路径，会采用原有经营管理模式，并因此导致组织对外部环境变化应对不力（靳云汇、贾昌杰，2003；廖冰等，2012；方晓波，2012；范冠华，2012；宋亚金，2015）。

综合上述国内外定义，有代表性的观点如表 3-1 所示。

表 3-1　　　　　　　　　　组织惯性的概念

学者（观点年代）	组织惯性概念
Hannan、Freeman（1984）	结构惯性（structural inertia）是组织保持现存结构状态不变的特性，组织对环境变化的反应速度跟不上环境变化是因为组织结构存在这种无法任意改变的维持旧有形态的结构惯性
Hodgkinson（1997）	认知惯性（cognitive inertia）就是原有的战略获得成功，这样企业完全依赖于曾获得竞争优势的思维模式
Sull（2000）	行动惯性（action inertia）是组织面对周围环境的变化仍按照原有的行为方式行事的倾向，是使好企业变糟的主要原因
简兆权、刘益（2001）	组织惯性是企业遵循已建立的行为模式，甚至响应显著的环境变化的趋势
靳云汇、贾昌杰（2003）	组织惯性是指组织结构和组织行为保持一致的一种趋势，它可能表现为保持静止不动，还可能表现为重复以前采取的行动
王龙伟等（2004）、汪克夷（2009）	组织惯性是对现有战略承诺的水平
丁德明等（2007）、赵杨（2009）	借鉴 Dawnetal 的研究，认为组织惯性描述了组织维持现状的趋势和对当前战略框架之外的战略性变化的抵制
陈扬等（2011）	组织惯性是那些组织历史所导致的、不符合环境变化要求的行为和认知范式，并导致了企业对环境变化的反应迟钝

续表

学者（观点年代）	组织惯性概念
廖冰等（2012）	组织惯性是指一种组织系统运行一段期间后，除去外部力量的作用，而偏好沿着原有路径继续运作的属性
方晓波（2012）	组织惯性是稳定发展的组织在面对外在环境变化时，会遵循以往的经营模式，以寻求组织能够持续稳定发展的一种运作现象，但却无法及时适应环境变化作有效的调整，甚至倾向于抗拒变革
范冠华（2012）	随着组织存在时间及经验的累积，组织经常偏好于过去的管理行为，倾向采取稳定的运作方式，因而当面临外部环境改变的冲击时，往往无法有效应对，甚至出现抗拒变革的情况
宋亚金（2015）	组织惯性的本质是维护自身的稳定发展和抵御变化发生的内在要求，是组织在面临环境变化时，倾向于保持固有特性，维持现有发展状态的内在属性

资料来源：作者根据相关资料整理。

综合上述定义可以看出，专家学者对组织惯性达成了三点共识：第一，组织有逐渐稳定的趋势。组织在初创期，各项规章制度还不够完善，管理也不够规范，随着不断发展，逐步建立制度、进行规范化管理，寻求组织一定程度上的稳定，组织也倾向于采取稳定的运作模式，求得在稳定中不断发展。第二，环境在改变。变化是环境的主要属性，唯一不变的就是变化。在经济全球化的时代，消费者的需求呈现出个性化趋势，竞争甚至具有超竞争态势，环境的动态性日益增强。第三，当外部环境改变时，组织往往显露出它自身的内在的惯性。外部环境的改变作为一种外部力量作用于组织，组织的既有状态不能迅速适应环境的变化，习惯于稳定态势、既有管理模式的组织就会呈现出保持原有状态的惯性。组织惯性是组织的内在属性。

同时，需要注意的是，大部分学者在看到组织惯性是组织运行的内在规律后，似乎更多强调组织惯性对组织的负面影响，国内学者如许小东（2000）、白景坤（2009）、于爽（2012）等都采用"惰性"一词。有些学者还对组织惯性与组织惰性作了对比。白景坤（2007）认为，惯性注重事物的自然属性，是指既定的组织形式在没有受到外力作用时仍沿着既定的方向运动的一般趋势以及在受到外力作用时发生改变的必然性和客观规律。惰性是指既定的组织形式因习惯于原有的运作方式而对外力作用的排斥。惰性是指组织因习惯于原有的运作方式对外力作用的一种排斥。在组织惯性的基础上会形成组织惰性。黄知然（2013）也区分了组织惯性与组织惰性，"惯性"是指企业进入一种路径后的自我强化，即"昨天的选择决定今天的选择"；"惰性"是指企业面对周围环境的变化仍然按照原来的行为方式行事的不易改变性。张薇（2009）将组织惰性分为两种类型：积极型组织惰性和消极型组织惰性，并认为积极型组织惰性行为被称为组织惯性行为。

　　因此，可以看出，国内学者对组织惯性的内涵界定尚不明确，尤其是在组织惯性与组织惰性的区分方面尚未达成一致意见。综合各个专家学者的观点，可以将组织惯性界定为组织面对外部环境变化时所表现出的维持原来运行状态的性质。组织惯性定义中并不强调其作用，组织惯性本是中性词，是表现组织内在属性的一种特点。

二、组织惯性的成因

　　组织惯性的研究受到经济学、管理学等不同学科领域学者的青睐，他们都从自身学科领域对组织惯性的形成原因进行解释。

1. 新制度理论的解释

　　新制度理论认为沉没成本、不确定性及政治冲突等是形成组织惯性的主要原因，因为沉没成本是指由过去的决策已经发生了的而不能由现在或将来的任何决策改变的成本。沉没成本是已经付出却无法收回的成本。组织在决策形成后会投入资源引进人才、购买设备，进行初始投资，但这些往往具备的是最初确定的作用、设定的功能，让组织难以在短时间内改变，因此，当外部环境改变时，这些成本形成的资源难以随之改变。如果企业要转型，这些成本必然要注销，必定会遭到管理者以及股东等相关方的反对。而任何变革都充满了不确定性，未来都是未知数，追求稳定的组织面临着不确定的未来，宁可失去一些机会也不愿意主动去进行改变。

2. 组织行为学理论的解释

组织行为学理论和决策理论都告诉我们，人先形成对事物的认知，然后在此基础上产生一定的行为；而现代决策理论认为，由于受到各种条件的制约，认知不可能做到绝对理性，人是有限理性的，决策者没有办法保证所作的组织变革各项决策都是准确无误的，因为一切都建立在未知的基础上，所以组织也往往习惯于保持原有状态而不做出改变。

3. 经济学理论的解释

经济学理论对于组织惯性的产生根源主要有两种解释，即委托—代理问题和有限理性。

现代公司治理的基础即是委托—代理，委托—代理是随着公司规模的扩大以及生产力的大发展出现的，由于知识、技能、精力等方面的限制，权力所有者将此权力交给他人，但委托人追求的是自己的财富最大化，而代理人追求自己的工资津贴收入、消费和闲暇时间最大化，两者目标不够一致，必然出现委托—代理问题。当企业实施变革或者改制时，企业改革行为可能损害经理人资产、职位或者权力等个人利益，从而使经理人做出抵制行为。

另外，变革充满着不确定性。如果变革成功，代理人可能不会得到好处，起码短时期内可能如此，因为变革效果短时期内可能不能充分显现；但如果变革失败，他们将负主要责任甚至全部责任，对其利益、地位甚至职业生涯都会形成打击。因此，代理人就会抵制变革或者只会选择风险小的变革，而不会选择风险大的变革，以免付出沉重代价。

4. 生命周期角度的解释

企业的发展都要经历一定的周期，包括创业阶段、聚合阶段、规范化阶段、成熟阶段和成熟后阶段。Greiner（1972）基于组织生命周期视角，认为组织每个阶段都属于相对比较稳定的环境，而每个阶段的发展都会形成组织惯性。Greiner也指出，在组织成长过程中，组织的历史比外界力量更能决定组织的未来。

此外还有生态演化理论，借鉴生物学中的自然选择观点，认为事物是自然选择的结果，自然选择倾向于那些比较稳定的企业。

三、组织惯性的来源

组织惯性是组织的内在属性，虽然有其外在表现，但仍然有其深层次根源，我们只有了解其来源，才能采取适当的管理对策，收到良好的管理效果。Barton（1992）认为，组织层级影响企业的组织惯性，将此观点进行丰富的马克思·韦伯（1997）从组织结构的角度来分析组织惯性，认为科层制组织容易产生惯性。Sull（2000）从行为角度分析认为，企业衰败的根本原因是成功的经历束缚了企业的发展。

国内学者的研究也比较丰富。有学者从整体上探讨组织惯性的来源，认为惯性产生于组织结构和组织战略，由于组织的发展，组织结构和运行系统逐渐形成并越来越规范化，内在的惯性导致组织变革成本极高，而在外部竞争态势中，企业要做出改变战略和战术行动以超越竞争对手，但如果对环境的相对反应速度很慢，则形成外部的竞争惯性（赵杨等，2009）；弋亚群、刘益、李垣（2005）和汪克夷（2009）则将视角放在了战略领域，弋亚群等认为，阻碍企业战略创新的惯性来源于管理者的战略思维和认知风格、组织流程及关系网络；汪克夷认为，惯性来源于战略管理者心智模式、组织惯例、核心能力、组织结构和组织文化五个方面。王龙伟等（2004）认为，组织惯性的根本来源是有限理性和转换成本，具体包括组织资源、组织结构、企业员工和企业文化。范冠华（2012）、方晓波（2012）都引用汉南的观点，认为组织惯性来源于组织规模、组织年龄和组织复杂性。孟庆伟等（2005）则基于另外视角——标签化理论来探讨各种标签化对组织惯性的影响，具体包括注意中的标签化、感知中的标签化、学习中的标签化和思维中的标签化。除此之外，还有学者苏博聪（2008）、廖冰等（2012）、姜春林等（2014）进行研究，综合起来如表3－2所示。

表3－2 组织惯性的来源

学者（观点年代）	组织惯性的来源
Oliver（1988）	组织目标的多元复杂度、内部专业化、决策集中度、内部正式化
Barton（1992）	认为组织层级影响企业的组织惯性
马克思·韦伯（1997）	从组织结构的角度来分析组织惯性，认为科层制组织容易产生惯性
Sull（2000）	认为企业衰败的根本原因是成功的经历束缚了企业的发展，形成了企业的行为惯性
郑仁伟、陈家声（1999）	管理性因素、文化性因素、结构性因素和程序性因素
郑耀男（2000）	学校文化惯性、学校管理惯性、组织自我防卫、组织沟通与作业流程惯性
简兆权、刘益（2001）	组织内部惯性，指组织在结构、政策和管理理念中的惯性；竞争惯性，指企业在改变其竞争态势中所表现出来的活动层次
钟友邦（2003）	稳健管理、保守文化、复杂结构、程序制式化
苏博聪（2008）	委托—代理理论、有限理性、沉没成本、组织制度

学者（观点年代）	组织惯性的来源
汪克夷、冯海龙（2009）	战略管理者心智模式、组织惯例、组织结构、组织文化、核心能力
陈立新（2008）	组织结构的复杂化；组织文化的固化；主导逻辑的形成
陈扬、陈瑞琦（2011）	企业的核心技术、公司治理结构、资源分配体系、企业文化
刘敏（2011）	组织结构、组织文化、知识资源
廖冰、欧燕（2012）	组织资源的柔性程度、组织成员与组织的利益冲突程度、组织结构的稳定程度、组织文化的强式程度和组织惯例的稳定程度
姜春林、张立伟、谷丽（2014）	组织生态演化、组织的认知习惯（感知习惯、思维习惯）、中国情境（传统文化、企业发展历史）对组织惯性形成产生影响

资料来源：作者在倪奇红的论文《组织变革中的组织惯性研究》基础上根据相关资料整理。

可见，对于组织惯性来源的研究主要从两个层面进行：一是宏观层面，如组织资源、组织结构与组织文化等；二是微观层面视角——组织员工惯性（王龙伟，2004）。对于微观层面的研究比较少，更多学者从宏观组织层面探讨组织惯性来源问题。同时，陈立新（2008）等将惯性分为结构型惯性与认知型惯性，对惯性的分类更加系统、逻辑性更强。

根据组织惯性来源的研究，学者对组织惯性维度的认识也逐渐丰富，从最初的结构惯性、行为惯性等单一维度，到组织惯性应该是一个多维概念，包括结构惯性、认知惯性和行为惯性等方面，如表3-3所示。

表3-3	组织惯性的维度
学者（观点年代）	组织惯性的维度
方琳（2005）	运营层惯性、制度层惯性、文化层惯性
严家明、汪生才（2007）	战略惯性、文化惯性、结构与制度政策惯性、思维与行为惯性
陈立新（2008）	结构惯性、认知型惯性
刘艳梅（2009）	组织结构、组织文化

资料来源：倪奇红.组织变革中的组织惯性研究——以宁波远东化工集团为例［D］.浙江工业大学，2012.

四、组织惯性的影响因素

按照汉南的观点，组织结构惯性的大小来源于组织规模、组织历史和组织复杂性，国内学者在此基础上进行研究。苏博聪（2008）、方晓波（2012）也持同样观点。同时，苏博聪还提到其他影响因素：组织变革次数与组织文化。廖冰等（2012）则从具体因素分析认为，组织惯性的影响因素为组织资源的柔性程度、组织成员与组织的利益冲突程度、组织结构的稳定程度、组织文化的强式程度和组织惯例的稳定程度。因此，对组织惯性影响因素的研究，学者的观点基本一致，主要包括组织年龄、组织规模与组织复杂性等。

1. 组织年龄

王龙伟（2004）、方晓波（2012）等研究指出，组织惯性会随着企业年龄的增长而不断增强。组织惯性的累积呈现出S型曲线，如图3-1所示。

随组织年龄的不断增长，组织的结构及其运作模式都会越来越规范化，规范化的管理本身具有一定的稳定性，不希望被改变，而组织成员同样具有维持原来行为方式的倾向，成员的思维模式及行为方式基本固定，因此，组织惯性随着组织年龄的增长不断累积、不断增强。

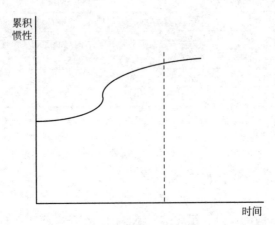

图 3 - 1   惯性累积过程

资料来源：王龙伟，李垣，王刊良. 组织惯性的动因与管理研究 ［J］. 预测，2004，23 （6）.

2. 组织规模

组织惯性一般也会随着组织规模的增大而逐渐增强（苏博聪，2008；方晓波，2012）。

随着组织规模不断增大，员工的管理更为困难，组织必须依靠更多程序化的决策来解决问题，程序和政策的增多一方面提高了组织的效率，但另一方面也降低了组织对外部环境变化的反应速度，变得更为迟钝，不愿意做出改变。同时，规模扩大，组织需要建立完善的组织结构体系，职位职责职权更为明晰，职位说明书更为详细具体，这可以简化对员工的管理，但与此同时，组织更为僵化，变革更为艰难。组织规模扩张也会带来组织沟通和信息传递速度下降，组织更需要强调命令指挥关系的结构体系，甚至科层制（Mitchell，Singh，1993），趋于正式化或官僚化（Ginsberg & Buch- holtz，1990），组织惯性逐渐增强。

同时，组织惯性在不断自我强化，组织总是延续以往行为运作模式，具有重复以往行动或行为模式的倾向，不断累积，不断自我增强。因此，有人将由惯性带来的组织结构刚性化、反应迟钝的现象称为"大企业综合征"。组织惯性随组织规模扩大而增强得到了很多实证研究的证实，但同时也有不同意见，组织规模增大，组织变革的可能性并没有减少。因此，两者之间的关系需要更进一步厘清。

3. 组织复杂性

Perrow（1986）指出，组织的复杂性是指组织内各部门之间结合的紧密或松散的程度，它影响组织惯性的强度，组织惯性与组织的复杂性呈负相关关系（方晓波，2012）。

组织变革进程中，各部门之间联系的状况影响到变革的推进。松散的组织相比联系紧密的组织，各部门自由度更高，惯性相对较小，而如果各部门耦合关系很强，关系很紧密，那么组织就不会轻易做出改变，因为一旦改变，可能牵一发而动全身，影响范围太大，不确定性更强，就会表现出更强的组织惯性。

五、组织惯性的功能

组织惯性是组织运行发展过程中的本质属性。组织外部环境总是处于动态变化之中，而组织惯性是组织保持原来运行状态的趋势。

中国自从改革开放以来经济保持连续快速增长，一方面大大增强了我国的经济实力；但另一方面，在经济增长过程中，过分追求增长的速度而忽视了增长的质量，采取"先增长后治理"的模式，这种粗放型经济增长带来的结果是经济结构不太合理，因而需要进行转型。在经济增长转型的宏观大背景下，中国企业需要从单纯"中国制造"向"中国创造"转变，创新才是永恒的主题。我国政府提出《中国制造2025》，这是我国实施制造强国战略第一个十年的行动纲领，在纲领中指出，坚持"创新驱动、质量为先、绿色发展、结构优化、人才为本"的基本方针，通过"三步走"实现制造强国的战略目标。供给侧改革的提出也让中国企业对未来发展模式进行认真思考，必须做出改变。创新意味着改变，意味着企业调整原有运作模式、经营管理方式，意味着员工改变既定思维，改变工作方式，一切都需要改变，但组织在改变调整过程中都会受到组织惯性的困扰。

1. 抑制组织创新

有些学者分析了组织惯性对战略创新的影响，有些学者则分析了突破性创新中惯性的影响。创新包括战略创新和战术创新，内外部环境都要求企业进行很好的战略创新，尤其是战略创新事关组织的发展方向，管理者的战略思维惯性会使管理者沿用既有战略管理模式，同时，企业中的现有认知风格与关系网络等也会形成对组织战略创新的阻力（弋亚群等，2005）。弋亚群、刘益、李垣等（2005）分析了企业家的战略创新与群体创新，他们认为，企业外部技术迅速发展与激烈的市场竞争要求企业进行战略创新，企业内部需要抓住外部市场机会，企业家本质上也是创新，这些因素都要求企业进行战略创新。然而，组织惯性却阻碍着企业的战略创新，主要表现在两个方面：一是管理者的战略思维惯性；二是企业中现有认知风格、组织流程及关系网络。

陈立新（2008）则分析了突破性创新中惯性的影响。突破性创新活动需要探寻不同于以往全新的机会，因此，环境中的不确定性更强。他从结构型惯性与认知型惯性等方面分析了组织惯性对突破性创新的影响。结构型惯性会增强企业原有的由供应商、顾客和投资者等构成的价值网络，同时，由于突破性创新活动不属于企业主要投资范围，因此，面临资源不足的困境，在受制于资源约束的条件下，企业的突破性创新往往难以逃脱失败的命运。认知型惯性会使管理者在原有的主导逻辑下进行刚性管理，会使企业遭受利润损失，突破性创新活动也会失败，因此，结构型惯性和认知型惯性都阻碍着企业的突破性创新。

2. 积极效应

廖冰、张波、欧燕（2013）通过对制造业企业的研究发现，组织惯性对组织创新有显著的正向影响，而组织惯性对组织绩效也具有显著正向影响，组织创新部分中介组织惯性与组织绩效的关系。

3. 双刃剑效应

赵杨等（2009）认为，应用辩证的态度来对待组织惯性对组织变革的影响，因为有中间变量组织所处环境的变化程度的存在。他引用 Nickerson 和 Zenger 的研究，认为结构惯性是"双刃剑"，一方面会成为变革的阻力源；另一方面惯性也包含了经营管理的合理成分，也需要加以保留。在静态环境中，竞争惯性主要表现出积极作用，在动态多变环境中，则体现为消极阻碍作用。范冠华（2012）也认为，组织惯性可使组织保持一定的稳定性，维持传统的良好价值观。

张薇（2009）则从时间长短角度分析认为，短时期内组织惯性一般不会对企业造成不利影响，但从长期发展来看，它会形成组织变革的阻力。黄知然（2013）基于生命周期理论分析了企业各个生命周期的特点后认为，组织惯性在生命周期初始阶段与企业绩效正相关，但随着时间的发展，到达一定程度后，就会对企业绩效产生相反的作用。其中，战略变革可以调节组织结构惯性与组织绩效的曲线关系。可以看出，赵杨、张薇、范冠华和黄知然等学者探讨了组织惯性的正反两方面的作用。这些都是随着学者对组织惯性研究越来越深入得到的认识。组织惯性不是绝对地、单纯地阻碍组织的发展，并不总是显示出阻碍作用，在某些情况和环境下，组织惯性也会成为促进组织发展的力量。Nickerson 和 Zenger（2009）对非正式组织形成的结构惯性进行了研究，结果表明，结构惯性属于一把

"双刃剑"，与组织所处的外部环境有关。张江峰（2010）认为，"在外部经营环境相对稳定的条件下，组织惯性能够促进效率而发挥正向效用，而在环境突变的情况下，企业需要实施转型变革，适应环境的变迁。"

一方面，有些学者看到了组织惯性对组织的积极作用；另一方面，组织惯性与组织变革、组织绩效的关系受到其他协变量的影响。组织惯性本是中性词，应该分为积极惯性和消极惯性，因为从一定程度上看，有时组织惯性促进了组织变革，但从更大范围来看，当前的研究主要是对消极惯性的研究，认为组织惯性阻碍组织变革、影响组织绩效。

六、组织惯性的管理对策

了解到组织惯性的来源与影响因素后自然会得出对应的管理策略。前已述及，学者对组织惯性内涵与作用的认识不同，相应的管理措施也有所区别。梳理文献后发现，一种观点是要克服组织惯性；另一种观点则是要辩证地看待组织惯性，在不同情况下对其采取不同的管理对策。

在对组织惯性管理对策的研究中，"创新"成为关键词，创新型的组织文化（王龙伟，2004；任凤玲等，2005；方晓波等，2012）、员工创新（王龙伟，2004）都可以减少组织惯性。同时，科学设计组织结构也可以发挥很大效用（任凤玲等，2005；方晓波等，2012）。人力资源管理策略——沟通、授权和培训机制、激励措施也不失为良策（王龙伟，2004；黄知然，2013）。范冠华（2012）探讨了让关键人物（主要是组织中的非正式领导人）参与组织变革来减少组织惯性、推进组织变革。

王龙伟（2004）等学者指出，组织惯性发挥何种作用需要看组织与外部环境的协调情况，在两者相协调时组织惯性是有利的。因此，组织需要调整与外部环境的关系。赵锡斌等（2004）则从企业生命周期的角度分析，组织惯性与企业选择之间呈倒"U"型关系。尤其是在企业初创时期，必须增强组织惯性。但当组织惯性超过一个极限以后，组织惯性的增加会加大企业选择的压力，因此，在企业成熟以后，应该尽力控制组织惯性。廖冰等（2012）结合生命周期理论分析后得到基本相同的观点。

七、研究展望

通过梳理相关文献，可以看到，在组织惯性研究方面，专家学者已经积累了比较丰富的研究成果，这为我们今后的研究奠定了比较坚实的基础，但理论研究中仍显现出一定的不足，今后可从微观组织惯性、组织外部惯性和积极组织惯性等方面进行深入研究。

1. 界定组织惯性的内涵与外延

对组织惯性内涵的界定是其他研究的基础，我们应该先明确组织惯性的内涵，只有将内涵界定清晰，才能厘清组织惯性与组织变革、组织绩效等之间的关系。可能是受当前组织的发展状态影响，当前学者往往看到更多的是组织惯性的负面作用，因此，对其内涵理解的也是不能适应环境变化的一面，甚至抗拒变革的行为，这在组织惯性定义的表述中可以看出。笔者认为，组织惯性本是中性词，组织惯性是组织在面对内外部环境的变化时仍保持原有运作状态趋势的属性。所以在内涵的理解上倾向于中性界定组织惯性，而不带有任何褒贬之意。在一定的环境条件下，积极的组织惯性同样存在，比较认同组织惯性分为积极组织惯性与消极组织惯性，或是在探讨其功能作用时全面辩证地看待。因为惰性一词似乎更能体现出组织惯性的消极作用，可以将消极组织惯性理解为组织惰性，以此来区别组织惯性与组织惰性。

2. 分类分层探讨人力资源惯性

组织惯性包括宏观层次组织整体惯性和微观层次人力资源惯性两个方面，对组织惯性的研究相对集中在宏观层面上，如分析组织惯性的来源与影响因素时，探讨了组织性质、组织年龄、组织规模、组织结构与组织文化等，而这一切的根源都在于组织成员。如孟范祥（2010）提出，惯性形成的根源是惯例，而惯例的根本来源还是组织成员。管理者从决策角度影响着组织性质、规模、结构、文化等组织要素，而组织成员在感受组织内部环境的同时会做出自己的选择。因此，组织惯性的根本来源是组织中的人力资源。所以可以更多基于人力资源管理视角探讨组织中人力资源层面的惯性。组织层次包括战略层、战术层和业务层。不同层次人力资源的个性特征、认知方式、思维方式、决策方式、行为方式各有不同，表现出的组织惯性行为差异较大，对其行为的分类别、分层次研究有助于更好地理解组织惯性行为进而采取更为有效的管理对策。

3. 增强对组织外部惯性的研究

组织惯性的维度可以分为组织内部惯性和组织外部惯性，当前专家学者的研究主要集中在组织内部惯性上，如组织结构惯性、组织成员惯性和组织文化惯性等。组织生存与发展的环境同样离不开外部环境，组织的投入资源与产出都依赖于外部环境。组织结构形式的制定需要考虑战略的影响，而组织的战略是在对内外部环境进行分析的基础上制定的，因此，内外部环境都不能忽略。同时，在外部环境的动态性、复杂性日益增强的情况下，应更加重视组织的外部惯性行为，包括竞争惯性的作用、强弱程度及管理对策等。

4. 重视组织惯性中积极惯性行为的研究

从组织惯性对组织变革与组织绩效等方面的影响来看，组织惯性分为积极惯性和消极惯性。当前的研究主要是对消极惯性的研究，认为组织惯性阻碍组织变革，影响组织绩效，但有些学者研究发现组织惯性同样对组织有着积极作用，有学者甚至认为当前的企业不是惯性太多，而是惯性不足（张江峰，2010），因此，我们应该全面认识组织惯性，承认其积极作用的存在，同时开展细节研究，如组织惯性积极作用的影响因素、积极作用的测量等，这样我们就能够鼓励积极惯性、克服消极惯性，促进组织变革与成长发展。同时，基于生命周期视角探讨组织惯性的影响，首先，企业生命周期各阶段没有明显的界定；其次，在生命周期各阶段，组织惯性与企业绩效的关系仅仅是理论上的推演，缺乏后续的实证与定量研究。

5. 研究视角创新性探讨

组织惯性的理论非常丰富，而其形成与发展会受到多种因素的影响，因此，对组织惯性的探讨视角也可以更加多元化。比如，随着组织的发展，组织结构逐渐稳定、规范，制度越来越多，那么组织的规范影响惯性的机制如何也是值得探讨的；既然组织惯性随着组织的发展呈现出慢慢累积过程的同时会受到突变事件的影响，这些突变事件包含的内容、它们增强或减少组织惯性的程度等也是可以研究的；而且，组织分为正式组织与非正式组织，当前的研究大多探讨的是正式组织，可以展开对非正式组织惯性的一系列分析研究。

总之，组织惯性是组织的固有属性，随着组织的发展壮大，组织惯性也在发生变化。组织惯性理论是组织理论中的重要理论，理论中的组织惯性研究也要随着实践的发展不断发展，这样，理论研究才会发挥其应有的价值，更好地指导组织科学地管理组织惯性。

第二节　变革惯性管理：基于价值链模型的视角

前已述及，有学者从宏观层面探讨组织惯性的来源，也有学者从具体因素层面分析其具体来源，如组织资源、组织结构、企业员工和企业文化、战略管理者心智模式、组织惯例、核心能力等。但深入分析这些因素，我们发现，组织惯性的根本来源是组织中的人力资源。组织最根本、最重要的要素是人，组织其他资源的投入是组织管理者选择的结果、组织结构的确立与调整也是组织管理者充分调查内外部环境决策的结果、组织文化的塑造与传承是组织管理者和组织一般员工共同努力的结果，因此要研究组织惯性，可以从最主要的人力资源视角进行研究。

组织具有保持原来状态的趋势，组织惯性的客观存在是我们不能忽视的，组织惯性会影响组织变革的效果。当前管理理论学家的研究主要涉及组织惯性的内涵、形成原因、组织惯性与组织变革的关系以及管理对策等问题。比较丰富的理论成果为指导实践中的组织变革提供了很好的理论依据，但仍然难以改变组织变革失败率居高不下的现实。因此，组织惯性理论的探讨有待深入，研究视角有待丰富。我们借鉴价值链模型来研究，构建组织变革中的组织惯性价值链模型，试图寻找到管理变革惯性的基本思路。

一、基本价值链模型

价值链模型是美国哈佛商学院著名战略学家迈克尔·波特教授于1985年在《竞争优势》一书中构建的，如图3-2所示，该模型将企业活动分成基本活动（primary activities）和辅助活动（support activities），在各种活动集合的价值链条上，企业可以识别自身的竞争优势，更好地实现价值的创造。

企业的基本活动直接为企业创造价值，包括五个部分：（1）输入物流（inbound logistics），包括与接收、存储和分配相关的各种活动，如原材料搬运、仓储、库存和向供应商退货等；（2）生产作业（operations），包括与将投入转化为产出相关的各种活动，如机械加工、包装、组装、设备维护、检测等；（3）输出物流（outbound logistics），包括与集中、存储和将产品发送给买方有关的各种活动，如产成品库存管理、送货车辆调度等；（4）市场营销和销售（marketing and sales），包括与提供买方购买产品信息和引导他们进行购买相关的各种活动，如广告、促销、销售队伍、渠道建设等；（5）服务（service），包括与提供服务以增加或保持产品价值有关的各种活动，如安装、维修、培训、零部件供应等。

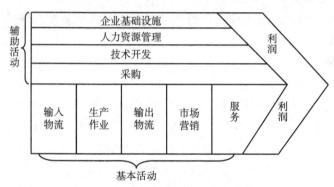

图 3－2　企业基本价值链模型

资料来源：周三多. 管理学［M］. 北京：高等教育出版社，2014.

企业的辅助活动支持企业创造价值，贯穿于企业基本活动的全过程，主要包括四个部分：（1）企业基础设施（firm infrastructure），包括总体管理、计划、财务、会计、信息系统等活动；（2）人力资源管理（human resource management），包括组织各层各类员工的规划、招聘、培训、薪酬、绩效管理等活动；（3）技术开发（technology development），包括基础研究、产品设计等活动；（4）采购（procurement），包括购买用于价值链各种投入的活动，如原材料购买、机器设备的购买等活动。

二、组织变革中的组织惯性价值链模型构建

借鉴迈克尔·波特基本价值链模型的分析思路，构建组织变革中的组织惯性价值链模型。

1. 将组织惯性进行分类

基本价值链模型将企业有价值的活动作两种划分：一是基本价值增值活动；二是辅助有价值活动。我们将变革惯性也做两种分类：一是认知惯性、结构惯性和行为惯性；二是管理者惯性和一般员工惯性。

（1）认知惯性、结构惯性和行为惯性。陈立新（2008）在《现有企业突破性创新的惯性障碍及其超越机制研究》一文中分析惯性障碍对突破性创新活动的影响时，将组织惯性分为结构型惯性和认知型惯性，并认为结构性要素引发结构型惯性，认知性要素引发认知型惯性。孟范祥（2010）认为组织惯性包括认知惯性、结构惯性和行为惯性。由此可以看出，对组织惯性在此种维度上的分类还未做到研究上的统一，未得到一致结论。我们借鉴孟范祥的研究，将组织惯性分为认知惯性、结构惯性和行为惯性。具体分析思路如下。

首先，组织是由两个或两个以上的成员，为了实现个人无法实现的目标协同行动的集合体，组织必须建立自己的结构，对责任、权力等做出合理安排，才能支持组织成员实现组织的目标，因此，组织的构成要素必须包括组织成员、组织结构与组织目标。在组织变革过程中，组织成员与组织结构会成为组织惯性的重要来源，所以，按照组织惯性的产生来源，可以将其分为组织成员惯性和组织结构惯性。其次，组织行为学认为，人的行为受知觉等认知因素影响，最终通过决策表现出外在的行为，可见，组织成员惯性是由组织成员的认知和行为构成的惯性。所以，综合分析，可将组织惯性

分为认知惯性、结构惯性和行为惯性。

目前，专家学者对结构惯性的研究内容比较丰富，对其内涵的理解也比较一致。结构惯性是指由组织结构及其运行机制等引发的惯性。但对于认知惯性和行为惯性，尤其是认知惯性，对行为人的界定有的专指管理者（陈立新等，2008），有的泛指组织中的所有行为人（孟范祥，2010；王龙伟等，2004）。组织中的惯性来源不只是管理者，因此认知惯性是指组织成员在知觉组织变革过程中产生的维持原有思维模式的特征，行为惯性是指组织成员有保持原有行为方式的属性，尽管外部环境已经发生变化。认知惯性是结构惯性和行为惯性的基础，惯性最终是通过行为惯性影响组织变革进程的。

（2）管理者惯性和一般员工惯性。不论是变革中的认知惯性、结构惯性，还是行为惯性，都是由组织中的人力资源表现出来的，因为认知和行为属于人的表现，而组织的结构（包括静态结构和保证其正常运作的运行机制）都是由组织成员设计的，因此从总体上看，组织变革中所有惯性的根源在于组织中的人力资源。按照组织的层级设计，纵向的人力资源构成包括管理者和被管理者（即一般员工），两类组织成员在个性心理特征、个性倾向性、认知过程和行为方式等方面存在着明显差异，相应地，组织成员惯性也分为管理者惯性和一般员工惯性。和基本价值链模型的理念一致，管理者惯性和一般成员惯性贯穿于变革惯性的始终。

2. 进行模型构建

从上述两个层面上将组织惯性加以分类后，借鉴迈克尔·波特的价值链模型构建组织变革中的组织惯性价值链模型，如图 3－3 所示，价值链分为两部分，左半部分为组织变革中的组织惯性，右半部分为组织发展，意思是指组织变革过程中克服组织惯性后，组织得以持续发展。在惯性部分，上半部分为管理者惯性和一般员工惯性，下半部分依次为认知惯性、结构惯性和行为惯性。需要说明的是，上半部分并不是组织变革的辅助惯性，而是借鉴价值链模型的某些惯性会依照贯穿始终的思路来进行分析。也就是说，对于横向的管理者和一般员工而言，都会存在认知惯性、结构惯性和行为惯性。根据该模型，有效管理组织变革过程中的组织惯性后，组织得以持续发展。

图 3 – 3   组织变革中的组织惯性价值链模型

三、组织变革中的组织惯性价值链模型应用

组织惯性价值链模型从组织行为学的角度分析了组织惯性的来源，提供了管理组织惯性，促进组织变革与发展的基本思路，具体操作可从管理者和一般员工两个层面以及认知惯性、结构惯性和行为惯性三项内容进行分析。

1. 管理者调整认知模式，尤其是战略思维模式

认知惯性、行为惯性和结构惯性贯穿于整个组织变革过程中，而管理者的认知惯性是所有惯性的基础，要克服惯性障碍，管理者首先要调整认知模式。

组织中的管理者可以分为战略规划层和战术决策层，不同层次的管理者都会形成惯性，但他们的表现又有不同。

（1）战略规划层。处于该层次的高层管理者负责根据组织内外部环境的信息和有关模型方法确定或调整企业目标，制定或调整长

期规划、总行动方针等。高层管理者需要具备的关键技能之一即战略思维能力。同时，组织结构的设计与调整、组织文化的塑造等都是高层管理者亲力亲为地影响企业全局的重大事项。在组织变革过程中，战略管理者决策时的认知方式、思考模式习惯于按照既定的、传统的，使其取得成功的既有模式管理，形成了组织惯性，阻碍了组织变革进程。

（2）战术决策层。处于该层次的管理者根据企业的整个目标和长期规划制定中期生产、供销、经营活动计划，检查和修改计划与预算，分析、评价当前活动及其发展趋势以及对企业各决策层目标的影响等。该层次的管理者在组织变革过程中处于承上启下的环节，最接近基层员工，对员工参与变革的表现情况非常清楚，同时又从变革进程上影响着员工，变革中的氛围创造就显得格外重要。

因此，在管理者消除变革中惯性的对策上，需要高层管理者调整战略思维模式，中基层管理者提升变革氛围。

第一，高层管理者调整战略思维模式。认知决定行为方式，高层管理者的认知惯性是所有惯性的基础，要克服惯性障碍，管理者首先要调整思维模式，具备战略思维能力。具体可通过构建创新型组织文化来潜移默化地影响整体组织。

有些高层管理者习惯于稳定安逸，自身的思维模式中存在抵触变革成分，对周围环境的变化不敏感，或者是即使意识到组织需要变革，但习惯于过去给组织带来成功的思维模式，依赖于原有的决策方式，以为这些过去的惯例会继续适用于组织，会给组织带来更长久的发展。在外部环境瞬息万变的时代，这些思维模式禁锢了组织变革与发展的步伐，必须加以调整。管理者首先要对环境变化、时代变迁有正确认识，时刻对环境保持敏感的神经，要辩证看待，不能停留在既有的成功模式上，故步自封。同时，管理者需要具备企业家的创新技能，尤其是具备良好的战略思维模式，增加知识储备，不断思考，增强概念技能，这样才能更长远、更持久从整体上把握组织的发展脉搏，使组织的基业长青。企业家的本质特征就包含创新的成分，创新不应该停止。

第二，高管锤炼自身的领导才能。在习惯于稳定的整体环境下，高层管理者在面对外部环境变化时也往往缺乏实际的行动，往往是由于"团队中的管理者太多，领导者太少"（约翰·科特，2015）。变革中的关键人物是组织的高层领导者，尤其是在涉及组织转型等重大变革时，管理者需具备领导变革的能力，而不是简单的资源分配者。因此，高层管理者需要锤炼自身的领导才能。

第三，中基层管理者提升组织变革氛围。中基层管理者负责具体组织变革的实践，他们的管理策略、一言一行直接影响着组织基层员工，具体可从不断增强组织的创新氛围开始。管理者可以从自身做起，根据情境调整领导风格，创造支持性组织氛围；通过培训提高员工对组织变革的认识；采取员工参与策略也能得到员工对变革的支持，从变革前、变革过程及变革后都制定相应的参与计划。

2. 一般员工加强个体与团队学习

企业中的基层员工往往被认为是最容易产生组织惯性的层次，通常认识不到组织变革的迫切性与必要性，习惯于现有的工作状态，出于变革给自己未来工作流程、地位和利益等方面造成损失的影响的考虑，从心理上抵制组织变革，或者是采取员工沉默的形式，不积极参与并支持组织变革。究其原因，首先是因为认识不到位，意识不到环境变化对企业造成的影响，因此，必须不断通过学习，扩充知识储备，拓宽视野，才能认识到组织变革的必要性。

在组织变革时期，有些组织成员会认为组织变革是对组织固有传统的不坚持，是违背心理契约的表现，降低组织认同水平，会表现出抗拒组织变革的行为。要改变组织一般员工的这种认知与行为惯性，不断学习、充电是一种行之有效的措施。一般员工必须具备不断拓展知识面、扩充知识储备库的能力，这样，一方面会增强自身的业务素质；另一方面也会让员工意识到不断变化的环境对组织造成的影响，潜移默化地改变员工对组织变革的态度，认知惯性自然减少，行为上也会不抗拒甚至支持组织变革。

在合作的时代，团队是组织中非常重要的组成部分。利用团队的规范力可以有效降低抵制力量，正式团队的目标与组织的目标是一致的，在加强个体学习的基础上建设学习型团队，一方面可以规范团队成员的认知与行为；另一方面是个体与组织联系的纽带，可以有效提升组织的学习力。

在个体、团队学习的基础上可构建学习型组织。彼得·圣吉在《第五项修炼》一书中提出的五项修炼实际上是改善个人与组织的思维模式，使组织朝向学习型组织迈进的五项技术。作为一个整体，它们是紧密相关、缺一不可的。这五项修炼是第一项修炼：自我超越（personal mastery）、第二项修炼：改善心智模式（improving mental models）、第三项修炼：建立共同愿景（building shared vision）、第四项修炼：团队学习（team learning）、第五项修炼：系统思考（systems thinking）。

总之，可以以建立学习型组织为契机，形成个体学习与团队学习，乃至组织学习的三层次学习气氛。

3. 正式组织建立组织结构动态调整机制

组织结构是组织各部分排列顺序、空间位置、联系方式以及各要素之间相互关系的一种模式。一般来说，常见的组织结构有职能制结构、事业部制结构、矩阵制结构和委员会制等，大型组织一般采取事业部制以及矩阵制，给予部门管理者更大的权力，使组织结构呈现出一定的灵活性。

组织设计时需要遵循的原则之一就是稳定性，频繁变化的结构容易造成员工的不稳定感，人员的不断调整容易造成人力、财力和物力的极大浪费，影响组织绩效的达成。因此，在寻求组织稳定性的同时组织惯性已经内化于其中。但我们不能单一追求组织结构的稳定性而忘记结构追随战略，战略追随环境的原则，当今时代需要的是稳定性与适应性相结合的结构模式，因此，在组织变革过程中可以建立组织结构动态调整机制来克服组织惯性。

组织结构是使组织任务得以分解、组合与协调的框架，包括组织部门的划分与层级的设置，组织结构一经确定，就要定期审核，在内外部环境对组织比较有利的情况下也不例外，这样逐步渐进式的组织结构微调使组织结构惯性无处遁形，利于组织变革的推进。而运行机制比如奖惩制度在不断变革中也要定期审核，比如在变革时期建立创新激励机制，奖励员工大胆创新的想法。管理者需要使组织结构具备灵活适应动态环境的能力，组织其他成员也需要适应组织结构的动态调整机制。

4. 重视非正式组织对组织惯性的影响

组织在运行过程中，成员出于共同兴趣、爱好、利益等的考虑，不可避免会结成小团体，形成非正式组织。非正式组织可以使个人有表达思想的机会，提高士气，减少紧张，工作中感受到感情的温暖。但也可能会集体抵制上级的政策或目标，强迫组织内部保持一致，从而限制了部分人的自由和工作绩效等。

在组织变革过程中，非正式组织形成的惯性也会对组织产生重要影响，不容忽视，管理者应该适当权衡。非正式组织建立了自身的目标、结构、分工体系，形成了不成文的规章制度，这些规范塑造着非正式组织成员的行为，重视该群体规范的影响，引导群体成员的行为，可以减少非正式组织的惯性。引导非正式组织的目标与组织的目标保持一致是一种行之有效的办法。

同时，非正式组织自发形成的领导者可能是该群体的意见领袖，能带领非正式组织的活动与方向。该领导者的认知模式与行为方式会成为其他成员的行事依据。因此，组织惯性的产生与强度大小可能与这一关键人物密切相关。在变革过程中必须时刻关注该领导者的状况，可以让他全程参与组织变革，在变革前了解其对变革的看法，争取一开始就支持变革，变革中让其建言献策，同时注意变革后的积极反馈。

5. 提升组织变革氛围，塑造组织创新文化

激烈的竞争环境下，组织要发展必须不断创新，而组织文化对于组织成员的行为具有无形的却是重要的影响力，组织文化的建设虽然艰难，不能一蹴而就，但一经形成创新型的文化氛围，组织成员就会敢于对组织运行过程中的规章制度、权责机制、变革方式等大胆质疑，为组织变革建言献策，增加组织变革成功的可能性。具体可从不断增强组织的创新氛围开始。研究发现组织氛围受到领导风格的影响，变革型领导更能形成合作、创新的氛围，管理者可以从自身做起，根据情境调整领导风格，创造支持性组织氛围。

6. 完善组织结构运行机制

组织结构设计不仅包括内部分工、部门设置等部门化与层级化的静态组织结构，还包括诸如奖惩机制、规章制度和信息系统等一系列动态运行机制。组织结构动态调整机制建立后，相应的运行机制也需要做出相应调整。

（1）鼓励变革的绩效考核机制。绩效管理系统是组织建立绩效标准，据以评价组织成员绩效的过程，包括绩效计划、绩效实施、绩效考核、绩效反馈和绩效结果应用五个阶段。其中，绩效考核是绩效管理系统的一个重要组成部分。绩效考核指标对员工的行为能够起到导向作用，指引着员工的努力方向。组织变革常态化后，组织可建立适宜变革的绩效考核指标体系，设置时可考虑将支持变革指标纳入关键指标或增大其权重，包括变革知识了解度、变革意愿以及变革承诺等，这些指标通过现有量表可对其作量化评价。员工会根据考核指标调整自己的行为，激发变革的内在力量，从而克服行为上的惯性。

（2）建立奖变罚固的奖惩机制。奖惩机制是人力资源激励机制中的关键环节。合理的奖惩机制能够激励员工，能够引导员工的行为。绩效考核指标中包含支持变革指标后，可根据该类指标更新薪

酬指标体系，设置变革薪酬指标，包括奖励对变革知识的了解、积极参与变革的态度与行为等二级指标，以及负强化等方式，这样就可以引导员工支持变革，减少变革的惯性。

7. 员工积极参与变革

组织变革中的强大惯性阻碍着变革的推进，但要克服惯性障碍并不是管理者单方面强行推进就可以实现组织变革的最终目标的。自上而下的变革中强制的氛围过于浓厚，员工不是不愿意做出改变，而是不愿意被强行改变，员工心甘情愿支持变革的行为会受到更大程度的抑制。因此，只有管理者与员工自上而下与自下而上相结合共同努力，"各个层面的积极参与"，组织变革才能达到最佳效果的。组织变革离不开员工的积极参与。

（1）建立良好参与机制。根据卢因的组织变革模型，组织变革包括解冻、变革与再冻结三个阶段。变革各个阶段都需要有员工的积极参与，尤其在解冻阶段，从一开始制定变革计划时就让员工参与进来。从认知角度讲，员工会认为是自己参与制定的变革方案，减少抵触情绪，认知惯性相应减少。同时，在执行变革方案过程中，阻力也会减少，甚至会支持变革。因此，全面参与或部分参与的效果会比不让员工参与好很多。

（2）畅通沟通渠道。沟通是两个或两个以上的人进行信息共享的过程，沟通可以增进员工思想上和情感上的了解，使组织形成和谐的气氛。组织变革过程中，员工不支持甚至阻碍变革很大程度上源于不了解变革信息，因此，变革时期更需要畅通沟通渠道以保证员工能够从多方面、多角度及时地了解到准确的变革信息。第一，做好变革方案信息的宣传以及反馈工作；第二，可以让支持变革的管理者或员工与构成惯性障碍的管理者或员工相互交流信息，可通过小组讨论或报告会等形式进行。

组织变革推进的艰难众所周知，尤其是深层次的变革，有效管理组织惯性可以从一定程度上支持组织变革。高层管理者具备战略思维能力、战术管理者创造良好的变革氛围、基层员工充分认识组织变革，只有组织成员共同努力，才能实现组织变革的成功推进。

总之，组织变革中的组织惯性价值链模型直观地表明了组织惯性来源于管理者和一般员工，给出了进行组织惯性管理的基本思路。在组织惯性管理中，管理者是关键人物，管理方法与策略都会影响组织惯性的产生与消除。调整认知模式、塑造创新氛围、重构组织结构以及建立良好参与机制等措施都可以对减少组织变革中的组织惯性起到重要作用。

需要说明的是，该模型仍然是对组织惯性的克服管理，对抵制组织变革的管理措施，而组织惯性本是中性概念，表明组织在外部环境变化时有保持原来运作状态的趋势，因此，对组织惯性促进组织变革的作用不能忽视，在模型相应的管理措施中需要进一步加强研究。同时，管理者惯性和一般员工惯性的界限也并不是泾渭分明的，有相互交叉的地方。在认知惯性方面，需要心理学等知识的融合，今后有待进一步研究。

本章小结

组织惯性是组织在运作过程中表现出的保持原有状态的属性。在环境变化的情况下，组织倾向于保持既有模式运作，因此在组织根据内外部环境的变化调整自身经营模式、管理方式时，惯性就可能会成为组织变革的障碍因素。

组织规模、组织年龄和组织复杂性深深影响着组织惯性的大小。组织惯性来源于组织结构、组织文化等宏观要素，以及组织成员的思维模式、行为倾向等微观要素，但究其根源，组织惯性来源于组织中的人力资源，因此，基于人力资源视角探讨管理组织惯性的措施具有较强的现实意义。迈克尔·波特的价值链模型给我们分析组织变革中的组织惯性提供了思维框架。按照分析思路，将组织惯性分为认知惯性、结构惯性和行为惯性，而管理者惯性和员工惯性在这三个层面上均有体现，贯穿于三种惯性之中。因此，管理组织变革中的组织惯性时，可从管理者调整认知模式、一般员工加强个体与团队学习、正式组织建立组织结构动态调整机制、重视非正式组织对组织惯性的影响、提升组织变革氛围，塑造组织创新文化、完善组织结构运行机制、员工积极参与变革等方面进行组织惯性的管理。

需要说明的是，组织惯性对于组织变革起到的是阻碍作用，但在某些情况和条件下，组织变革会对组织起一定的稳定作用。因此，需要分析具体情况对组织惯性采取合理的管理措施。

第四章

变革压力管理：基于胜任力 模型的视角

根据官方统计数字，英国每年约有 8000 万个工作日损失在由于压力导致的疾病上，代价高达 70 亿英镑。美国企业界每年工作压力的成本（包括处理压力以及其所导致的疾病、缺勤、体力衰竭等问题）在 2000 亿~3000 亿美元（Cartwright & Boyes，2000），超过 500 家大公司税后利润的 5 倍。中国正处于经济转型的关键时期，企业生存与发展的压力在增大，员工的工作压力也在增加。北京易普斯企业咨询服务中心对中国 1576 位员工所做的调查显示，有 20% 的员工声称职业压力很大或极大，5% 的员工心理问题严重，75% 的员工认为他们需要心理帮助。同时，《财富》（中文版）针对高级经理人员做纵向研究发现，压力感受较大者所占比例在增大，2013 年近 80% 高级经理人员承受着高的压力水平。可见，组织中的人力资源正在面临着严重的工作压力问题。

全球化、信息化时代的到来给组织带来了前所未有的挑战，突出的表现之一就是外部环境的竞争更加激烈，组织都在努力探索生存与发展之道，提升自身竞争力，适应环境的优胜劣汰法则。组织变革势在必行。变革从根本上说就是资源的重新配置、利益格局的重新调整，员工势必会感到保证自身既得利益的不确定性，对组织变革前景产生茫然、不知所措情绪，负面情绪的积聚使员工感受到巨大的压力，可以说"组织变革已经成为当前员工工作压力的一个主要来源"。工作压力过大会给员工带来心理和生理上的消极影响，也会带来工作绩效的下降，因此，工作压力管理问题成为组织管理及人力资源管理的一个热点问题。探寻到有效的变革压力管理对策迫在眉睫。而变革压力管理不仅仅是员工个体的事情，组织也必须承担重要任务，建立合理的变革压力管理机制，帮助员工缓解过度的压力，将压力维持在适当的水平上，以提高工作效率，更好开展组织变革。

第一节　工作压力相关理论

一、工作压力的概念

压力这个词最早来源于盎格鲁撒克逊人，首次使用是用于物理学中定义机械压力。压力是指当物体受到试图扭曲它的外力作用时，在其内部产生的相应的力；与此相关，紧张则是指压力超过物体承受能力时造成扭曲的结果或状态。压力往往伴随着紧张。

关于压力的研究起源于医学领域，是由加拿大蒙特利尔大学国际压力研究所主任汉斯·赛利（Hams Selye）（被誉为现代"压力"概念之父），于20世纪30年代开创的。他提出了压力可导致生理反应的观点，并对压力源和压力反应做出了区分。他认为，不论是正面还是负面的压力，都有可能产生有益或有害的压力反应。而当个体意识到没有能力满足工作要求时，就称为工作压力。随着竞争的加剧，人们感受到的压力越来越大，压力的研究也从医学领域拓展到管理学、心理学等领域，专家和学者更加重视工作压力的研究。据统计，西方关于工作压力的研究在近20年中增加了50倍（刘真真，2013），其中，有代表性的概念如表4-1所示。

表 4－1　　　　　　　　代表性工作压力定义

学者（观点年代）	工作压力的定义	侧重点
McGrath（1970）	工作压力是需求与个人能力之间处于一种失衡的状态，需求得不到满足引起的后果	强调压力源
Lazarus（1978）	工作压力是需要或超出正常适应反应的任何状况	
Jamal（1990）	个体对工作环境的变化对个体所造成的威胁的反应	
Kanji、Chopra（2009）	工作压力是个体所能掌控的资源与所要完成的任务不平衡时，内心所产生的焦躁感觉	
刘真真（2013）	工作压力是个体由于工作中的角色冲突而产生的不适应感	
傅红、周贺、段万春、刘梦琼（2015）	工作压力是广义的概念，包括个体感受到的来自工作场景中与工作场景之外所有对工作有影响的因素	强调压力源，同时侧重广义
Quick（1984）	工作压力是在面对压力源时对机体自然能力资源的普遍的、有规律的、无意识的调动	强调压力带来的结果
Laughlin（1984）	压力是个体察觉到的紧张、焦虑的程度	
Summers（1995）	工作压力是当个体被迫偏离正常的或希望的生活方式时体验并表现出得不舒适的感觉	
刘真真（2015）	工作压力是个体由于工作中的角色冲突而产生的不适应感	
Lazarus 等（1978）	认为一个人承受压力与否与他对待压力的看法是紧密联系的，它是由人的认知系统反映出来的，而这种反映的结果就是人们对工作压力的认知评价	强调认知评价，包括生理、心理等反应
凌文辁、方俐洛（2004）	工作压力是指与工作相关的不良刺激对个体所引起的负性主观体验和心理、生理反应	
时雨、刘聪、刘晓倩、时勘（2009）	压力是一个各变量的动态联系的过程，在这个过程中，个体通过对个人资源和潜在压力情境进行比较，来评估该情境对自己的影响	
罗红卫（2010）	工作压力是个体在组织环境中由于组织存在双重性和偏离性从而感知到的压力	

学者（观点年代）	工作压力的定义	侧重点
张倩（2012）	工作压力是指个体面对工作环境中新出现的或不良的因素，心理上承受着一种不确定感的压力	心理学视角

注：作者根据相关文献资料整理。

从表 4 - 1 可以看出，专家学者对压力的看法还不太一致，有的从压力源角度分析，有的从压力带来的结果角度分析，还有的强调压力是一种认知评价，是感知到的压力。但对工作压力内涵的研究，如果界定完整，应该包括压力源、压力反应、压力应对和压力结果等四个因素。我们认为，工作压力是指个体感知到的自身不能达到工作要求时产生的紧张情绪，可导致一系列生理、心理反应，同时个体也会采取措施进行应对。

二、变革中的工作压力源

工作压力源是指导致或可能导致工作压力，引起员工压力反应的刺激或事件，可以是外部环境，也可以是组织内部环境。工作压力是一个复杂的系统，影响工作压力的因素很多，其来源也各有不同。罗宾斯（1996）将压力源分为环境、组织和个人三类因素。这种分析框架比较完整合理，同样适用于组织变革时期，我们也采取此种框架进行分析，环境因素包括：组织变革时期政治、经济和技术的不确定性等；组织因素包括：组织变革时期的任务要求、角色要求、人际关系要求、组织结构、组织领导风格和组织生命周期等；个人因素则包括：家庭问题、经济问题和个性特点等。

1. 环境因素

影响工作压力的外部环境因素包括政治环境、经济环境、技术环境和文化环境等方面。整个社会大环境的情况将直接或间接对个体产生影响。外部环境的不确定性影响着组织成员，让员工感受到工作压力。

（1）经济环境。经过长期的高速经济增长阶段后，我国经济体制正处于转型的关键时期，经济增长方式也在从粗放型向集约型转变，经济模式从工业经济时代向知识经济时代迈进，知识是关键的财富，组织也因此作各种调整与改变以适应快速变化的环境。这种快速变化深刻地影响着每一个个体，人们从未体验过如此的不确定性，在这种紧张而快速的转变过程中，人们时刻保持紧张感，为自身的工作保障、经济保障等担忧，心存疑虑，充满着压力。

（2）技术环境。科技发展越来越迅速，技术革新速度也日益增快，这些都让员工时刻感受到紧迫感，冲击着员工的心理防线。托夫勒用"未来的震荡"来形容技术变化所引起的巨大冲击。尤其是信息时代的到来，信息成为组织的重要资源，信息技术的发展超乎想象，员工也需要不断更新自身的知识，不断学习，才能跟上快速变化的节奏，因此，员工始终有较大的工作压力，会为未来的工作保障等问题而倍感压力。

（3）文化环境。在全球化时代，跨国公司迅速发展，在多元文化背景下，培训、绩效管理、职位晋升等很难满足不同员工的不同需求。员工与企业可能会对角色认知有不同的理解，对职责、权力和利益等的界定存在差异，容易造成"模糊地带"的产生。尤其是在跨国公司中，员工的多元化也带来沟通的困难。组织有不同的文化，国家也有文化。和组织文化一样，国家文化是一个国家的居民共有的价值观，这些价值观塑造了他们的行为以及他们看待世界的方式。在跨国公司中，多种文化带来企业管理机制的差异，员工也会感受到融合的困难。如有些国家企业的组织结构集权化程度高，员工缺少参与企业决策的机会，同时晋升空间小，员工的自我效能感就会降低，压力就会产生。

2. 组织因素

组织是与员工联系最紧密的单位，组织变革时期，职责变化、组织结构调整以及变革领导者的领导风格等因素都会让员工感受到压力的存在。

（1）职责变化。组织设计的基本原则就是分工，早在1916年，西方管理理论三位先驱之一"现代经营管理之父"法约尔在其代表作《工业管理和一般管理》中就论述了管理的十四条原则，其中第一条即为分工原则。分工可以促进生产效率的极大提高。分工可以说是统治企业管理的基本模式。组织变革必然会影响员工的工作任务，工作职责会发生变化。根据工作需求—控制模型，不同于以往习惯性的工作要求会让员工感觉到不适应，而且，如果是技术的升级改造、需要员工重新学习新技能、调整工作时间与工作强度等产生新的工作需求，而工作控制感可能不会因此增强，这些因素都会影响员工的压力水平，影响组织变革的顺利推进。

（2）组织结构调整。组织结构是组织的框架，是组织的躯体。组织结构设计的一个目的就是减少环境不确定性对组织的影响。组织随着外部环境变化调整战略方向，而组织结构也会追随战略。

外部激烈竞争的环境要求企业进行组织结构的调整。科层制是对企业产生影响最大的结构形式，但这种结构在保持稳定的同时难以应对动态竞争的环境，企业纷纷进行结构的柔性化调整。但有些员工对灵活的结构不太认可，似乎更喜欢传统的分工结构形式，同时，扁平结构带来的职业上升空间的减少无疑也会让员工担忧组织变革之后的职业生涯发展和成长机会，会为职位晋升担忧，因此组织结构的变革会对他们形成一定的压力。

（3）领导风格。1978年，贺兰德（Hollander）提出交易型领导风格，他认为领导行为是领导者和被领导者相互满足的交易过程，即领导者借由明确的任务及角色的需求来引导与激励部属完成组织目标。到了20世纪80年代，美国政治社会学家詹姆斯·麦格雷戈·伯恩斯在他的经典著作《领袖论》中提出另一种领导风格类型——变革型领导。变革式领导风格，通过领袖魅力、感召力、智力激发和个性化关怀四个维度展现领导魅力，领导组织变革。

在外部环境竞争日益激烈的情况下，企业也会调整自身的文化，更崇尚变革型、创新型文化，这对习惯于稳定的员工来说将不可避免地感受到压力。但对于崇尚变化与创新的员工来说，如果变革领导者的风格太过于保守，也会让员工感到难以发挥自身作用。

3. 个体因素

个体是变革压力及其压力后果的最终承担者，因此个人因素是影响工作压力状况的主要原因。影响压力状况的个人因素主要有几个方面：个人特性、工作—家庭冲突、人际关系网络、个体认知等。

（1）个人特性。每个人都有不同的个人特性，因此对压力的承受力也不一样。个人特性指的是个人的自信程度以及对风险的容忍度等因素，个体可以表现出很自信的一面，认为任何事情皆在自己掌握之中，也可以容忍一定的风险水平，那么变革来临时，个体也就感受不到很高的压力水平，同时也能很好地应对和控制压力。相反，如果个体自信心较弱，又不能容忍风险，那么就会产生较高水平的变革压力，在变革压力面前显得无所适从，茫然失措。

（2）工作—家庭冲突。工作—家庭冲突也是影响变革压力的重要因素。家庭的融洽和睦状况与个体的压力水平有很大关系，家庭越和睦、家庭能够提供的资源支持越多，则个人应对压力的能力也就越强，不和谐的家庭关系让员工的心无法安定，会增加个体的工作压力。同时，员工个体处理工作与家庭之间的关系也会影响压力水平，如果员工能够在工作和家庭之间做到很好的平衡，工作中的烦恼不会带到家庭中，这样也就能享受到家庭的愉快氛围，对工作和家庭都是很好的支持因素。

（3）人际关系网络。人是社会人，人总是生活在一定的人际关系网络中，人际关系是必须要面对的问题。如果上下级关系紧张，员工个体不能顺利开展工作，害怕得不到上级的认可会增大个体的压力。同事之间关系紧张、不和谐，甚至钩心斗角也是压力的一个重要来源。另外，人与人之间的竞争加剧、经济问题带来的压力、害怕失业的压力、员工面对困境的承受能力等都或多或少地给人们带来焦虑，进而造成人们对工作感到厌倦，产生较大水平的压力感。

更进一步，如果人际关系紧张到产生冲突的程度，那就更不会利于工作开展。人际冲突是指一方感觉到另一方已做出或将要做出不符合自身利益行为的一个过程。变革中的冲突或隐或现，水平或高或低，在较高冲突水平下工作，个体自然压力很大。

（4）个体认知。在组织变革时期，个体变革压力的影响因素中，员工个体认知是非常重要的一个因素。

Derek Rollinson 认为，压力 = 不确定性 × 重要性 × 持久性。不确定性即努力与绩效、绩效与奖励的关系；重要性即企业对员工绩效要求的重要程度；持久性即员工所处压力状态的时间，时间越长，压力越大。可以看出，这三个要素都与员工的认知有关。就像期望理论指出的，人总是先对未来状况做出判断，然后再决定采取何种行为。研究表明，个体期望值过高是造成压力过大的重要因素之一。工作的现实总是满足不了过高的期望，工作不满意感增强，压力就会产生。而如果员工采取极端的形式解决压力问题——另谋高就，在寻找新工作的过程中，压力也会始终伴随。因此，在管理员工压力过程中需关注个体认知这一重要过程。既然压力是个体认知压力源后产生的，于是有了"知觉压力"之说，杨廷忠、黄汉腾（2003）界定了知觉压力的概念，他们认为知觉压力是指生活中的各种刺激事件以及不利因素对人的心理所构成的威胁。组织变革时期，员工会表现出紧张，对变革未来无法掌控，知觉到的压力很大。

也有学者单独探讨管理者的压力来源。许小东（2007）将管理者工作压力源分为两类独立的变量：内源压力和外源压力，内源压力来自工作本身，由工作内容、工作标准等因素造成，外源压力来自工作活动以外，由工作环境、人际关系等因素形成，这两类压力都会让管理者感受到压力。

三、组织变革压力的影响

组织变革时期的工作压力产生后，需要关注压力对员工与组织的影响。研究表明，工作压力从生理、心理和行为等三个方面影响着员工，个体的压力反应继而影响到组织的绩效表现，因此，压力过大都会对员工和组织造成很大伤害。

1. 变革压力对员工个体的消极影响

组织变革时期，员工对未来充满了迷茫，未来的不确定性增强，员工会明显感受到变革压力的存在。员工感受到的变革压力也会从生理、心理和行为三个方面影响个体的表现。

（1）生理方面。组织变革时期，员工对于未来不确定性的担忧首先表现在生理方面，"交感神经系统会比较活跃"，身体疲倦、睡眠质量降低甚至失眠、血压升高、心率增加、头痛等表现增加，随着组织变革的推进，身体健康状况变差，长此以往可能会导致一些疾病，如心脏病、高血压、心血管疾病和免疫性疾病等。

（2）心理方面。组织变革初期，员工心理上可能主要是紧张等症状表现，随着组织变革的进行，员工对于变革的不确定性结果感知加深，不安全感增强，会严重影响到员工的情绪，伤心、抑郁、不稳定、易怒、容易冲动、焦虑等不良心理现象会越来越多。如果组织变革涉及职位的调整，职权、职责必然会随之调整，但如果员工对新职位的权责利关系不明晰时，他们对工作的不满意感也会增加。员工对工作的态度也可能会受到影响，组织认同度降低、不满意感增强，而态度会影响行为，员工的离职倾向会越来越明显，甚至有些已然做出离职行为。

（3）行为方面。生理和心理上的压力会延续到员工的工作行为上。有研究者发现压力会使员工产生沮丧、焦虑等情绪状态，而沮丧情绪与工作场所中的人身攻击行为、蓄意破坏等行为相关。行为上的表现首先是个体的不良行为出现甚至增加，如抽烟、酗酒、暴饮暴食、睡眠问题等，其次是在组织中与同事、上下级的沟通与交流中存在一些问题，如人际关系疏远、甚至产生冲突与攻击性行为，沟通不顺畅，很少有倾听行为出现等，这些反映在工作行为上可能会影响到工作的努力程度，如迟到、缺勤、早退、效率下降，更不用说会有主动付出、组织公民行为等主动性行为，严重情况下员工可能会选择逃避或跳槽方式来解决变革压力问题。

2. 变革压力对组织的不利影响

员工承受压力过大时，生理和心理上的表现最终都会通过行为凸显出来，工作满意度降低，组织和变革认同度降低，迟到、缺勤等行为出现，员工个体工作效率降低，这些都势必影响到组织绩效。而行为上的压力则对组织的日常运营产生的负面影响更大。同时，在高度紧张的环境下开展组织变革，不合作、抵触的组织氛围会影响到员工的个体感受，员工会觉得非常压抑，心情不愉快，而且不利于员工个体能动性的发挥。因此可以看出，变革压力过大会影响员工个体，继而影响组织氛围、组织绩效等，组织各项运营指标的下降又会使员工感受到更大的压力，形成恶性循环。

3. 压力曲线

变革时期，员工感受到的压力会影响到组织变革的开展，但这些都是在压力过大的前提下分析的。其实，压力是一把"双刃剑"，以往研究更多对工作压力给员工和组织带来的消极影响进行分析探讨，工作压力的激励作用未得到充分研究。耶基斯—多德森定律提醒我们要全面地看待压力。耶基斯—多德森（Dogson - Yerkslan,

1908）定律是由心理学家耶克斯（R. M. Yerkes）与多德森（J. D. Dodson）经实验研究归纳出的一种法则，用来解释心理压力、工作难度与作业绩效三者之间的关系。研究表明，在压力与绩效之间呈现倒 U 型关系，过大或过小的压力都会使工作效率降低；当压力很小时，工作中重复性程序过多，挑战性不强，员工不发挥自身潜力，甚至应付都可以做完工作，工作效率及质量自然不高；而随着压力水平的增强，压力可以变为动力，员工可以感受到"跳一跳摘桃子"的工作挑战与乐趣，积极性提高，工作效率也逐步提高；但当压力超过人的最大负荷时，压力的激励作用没有了，反而变成了阻力，工作绩效也会降低。因此，压力适度最好。

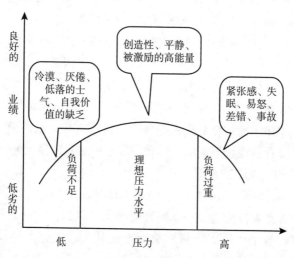

图 4 - 1　压力水平与业绩和健康之间的关系

资料来源：马建明. 对压力管理的理解及压力与绩效的微观分析 [J]. 企业经济，2009（1）：51.

可见，工作压力同时具有积极效应和消极效应，适度的工作压力有利于组织内积极竞争氛围的营造，有利于变革的开展。但是以往的研究大多聚焦于其消极后果，一味地强调降低工作压力，后由于积极组织行为学的兴起，学者们才开始关注工作压力的积极效应，在后面我们会单独展开分析。

四、工作压力理论模型

研究工作压力的模型比较多，有代表性的有个体—环境匹配理论、工作要求—控制模型、工作要求—控制—社会支持模型和工作要求—资源模型。

1. 个体—环境匹配理论

French 和 Caplan 于 1972 年提出个体—环境匹配理论（person-environment fit model）（P–E 模式），自此成为工作压力领域最具代表性的理论之一，该理论也在实践中应用最多。French 和 Caplan 认为，导致员工压力产生的因素不是单纯的个体因素或环境因素，而是个体和环境相联系的结果。个体与工作环境匹配时，个体作用能得到最好的发挥，当个体与环境不相适应时，工作压力就会产生。这种将个体和环境结合起来进行分析的思路很好，但该理论却把个体和环境都看做静止不变的，导致用静止的观点看待问题。

2. 认知交互理论模型

Lazarus、Folkman（1984）提出了认知交互模型，该模型提倡用动态的观点看待问题，个体和环境都是变化的，它们之间的关系也是动态相连的。同时，认知交互理论认为，个体对环境做一评价，并评价自身是否具备相应的应对策略，如果评价是消极的，就会产生工作压力。认知交互理论给了我们动态的分析思路，同时提出全新的理论视角"认知评价"。

3. 工作要求—控制模型

工作要求—控制模型（job demands-control model，简称 JDC 模型），是由 Karasek 于 1979 年提出的。该模型突破了以往单从工作环境方面研究工作压力的局限，认为应从工作特征的内容来判断压力的产生。工作特征主要包括工作要求（job demands，JD）和工作控制（job control，JC）两个方面，工作要求指的是工作对员工的生理、心理和能力等方面的要求，工作控制指的是员工面临这些工作要求时的决策自由程度。该模型认为工作压力由工作情况的需要和工作控制情况共同决定。

该模型将工作要求和工作控制两个维度都分为低和高两个等级，于是形成矩阵模式的四分图，在高工作控制和低工作要求下员工感受不到什么压力，在低压力水平下工作；而低工作控制和高工作要求两者作用下，员工会感受到较高水平的压力。压力会随着工作要求的提高而增加，随着工作控制水平的减少而增加。该模型还指出了员工积极工作与消极工作需要的条件，两个维度"双低"——低要求低控制，员工选择消极工作；两个维度"双高"——高要求高控制，员工则会热情饱满，积极工作，如图4-2所示。

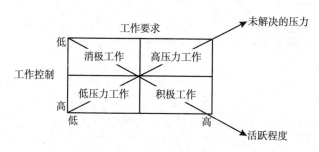

图4-2 工作要求—控制模型

资料来源：Karasek. R. A. ，Job demands，job decision latitude，and mental strain：Implications for job redesign，Administrative Science Quarterly，1979，Vol. 24. P. 288.

工作要求—控制模型框架简单，逻辑比较清晰，得到了理论界广泛的认可和应用。但 Bakkerand 和 Demerouti 指出"虽然该模型能在一定程度上解释工作特征对工作压力的影响，但其研究的工作特征并不全面，大多数研究都是集中在工作量、时间压力以及工作控制等几个工作特征上"，因此 Jonson 和 Hall 于 1989 年在 Karasek 的工作要求—控制模型基础上提出了一个拓展的 JDC 模型，即工作要求—控制—支持模型（job-demand-control-support model，简称 JDCS 模型）。

4. 工作要求—控制—支持模型

在 JDCS 模型中，除工作要求和工作控制外，Jonson、Hall 增加了第三个维度，即工作支持，并将工作支持分为两个等级：孤立的（isolated）和集体的（collective）两种情况，于是联合工作要求和工作控制，形成了三维立体模型，如图 4 - 3 所示。在高工作要求—低工作控制—低工作支持状态下，员工的压力水平较高。

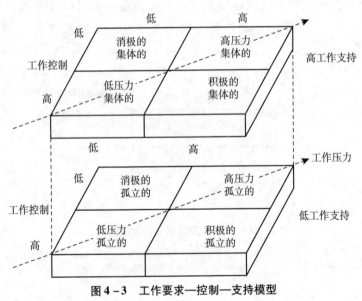

图 4 - 3　工作要求—控制—支持模型

资料来源：Johnson, J. V., Hall, E. M., Job strain, work place social support, and cardiovascular disease: A cross-sectional study of a random sample of the Swedish working populaition, Amecriman Journal of Public Health, 1998, Vol. 78, P. 1336.

该模型得出以下主要结论：高要求—低控制—低支持的工作往往导致工作压力和生理疾病；与之相对应的是，高要求—高控制—高支持的工作将增加学习、动机和技能的发展，表现为工作绩效提高、员工满意度上升。高工作要求只有在高控制—高支持的情况下才会成为激励因素，成为积极的压力。

工作要求—控制—支持模型增加了工作支持这一变量，大部分专家学者也比较赞同这一观点，认为单纯的工作要求和工作控制不足以解释压力的产生及水平，工作支持会调节其中的关系，但如何调节尚需深入研究。

5. 工作要求—资源模型

工作要求—资源模型（job demands-resources model，JDR 模型）由 Demerouti 等（2001）和 Bakker 等（2003）提出，认为"不论何种职业，每一种职业的工作压力风险因素都可以被分为两大类型：工作要求和工作资源"，其中，工作要求是指员工在工作上所涉及身体、社交或者组织的方面，要求在身体和精神上能够承受并努力完成。工作资源（job resources）涉及员工物质的、心理的、社会的或者组织的等多个层面，并能够促进员工工作目标的实现，降低工作要求，减少生理和心理付出，激励个人成长和发展。如图 4-4 所示。

该模型指出，工作要求—资源模型中工作要求和工作资源分别引发出两种心理过程，一种是持续的工作要求—产生过度压力—工作倦怠—不利的组织结果，损害健康；另一种是可得的工作资源—激发员工工作动机—工作投入—积极的工作结果（如提升组织承诺和组织绩效等）。工作要求会增加压力感受，但工作资源在二者之间起调节作用。工作资源水平正向影响员工工作动机水平，但工作要求调节该积极效应；压力水平增加，会不利于组织结果，但动机水平增强，会有利于组织结果。

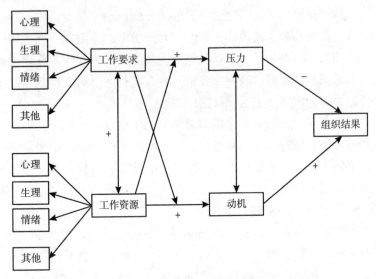

图 4 - 4　工作要求—资源模型

资料来源：Bakker, A. B. and Demerouti, E. The job demands-resources model: state of the art. Journal of Managerial Psychology, 2007, P. 310.

第二节　胜任力模型

　　组织变革时期，变革压力会给员工带来困扰，影响员工的生理、心理和行为表现，员工自身可能会通过一些措施缓解自身的压力。但员工的不良状态会影响到组织的表现，使组织变革很难推进，组织绩效难以得到提升，因此，变革压力管理问题也是摆在管理者面前的一个现实问题。如何控制好各类工作压力的强度，使其在有利的范围内发挥作用，这就是压力管理。压力管理需要组织和员工双方共同努力。与此同时，员工承受压力、管理自身压力的能力是有差别的，培养员工对变革压力的胜任能力是组织变革时期人力资源管理者的一项重要工作。而胜任力包括了知识、技能、价值观等要素，因此可以从胜任力视角探讨员工的变革压力管理，建立起基于胜任力模型的组织变革压力管理机制。

一、胜任力的提出

胜任力的界定最早可以追溯到古典管理理论的代表人物泰罗（Frederick W. Taylor）时期，泰罗在 20 世纪初提出科学管理原理，被称为"科学管理之父"，他通过时间研究和动作研究确定工人的工作定额，并选择既有能力又有意愿的"第一流工人"工作，同时为了提高生产率可以对工人进行培训以提高工人的工作技能。他采取标准化的原理将工人的工具、作业环境进行标准化，找到最合适的标准。尽管泰罗的出发点是最大可能提高生产效率，但有些措施时至今日仍可借鉴，标准化原理被《哈佛商业评论》认为"无时不在，无处不在"。

20 世纪 60 年代，人们仍在探讨提高工作效率的因素，这时，以美国著名心理学家，哈佛大学教授戴维·麦克莱兰（David Mc-clelland）为首的研究小组，经过大量深入研究发现，传统的学术能力和知识技能测评并不能预示工作绩效的高低和个人职业生涯的成功，他们发现从根本上影响个人绩效的是诸如"成就动机""人际理解""团队影响力"等一些可以称为胜任力的东西。1973 年，麦克莱兰发表了《Testing for competence rather than for intelligence》（《测试胜任力而非智力》），认为传统的智力测验、性向测验等不能准确预测复杂工作和高层次工作的成功，为此，他提出用真正影响工作业绩的个人条件和行为特征即胜任力来代替传统的智力测量，从而促进个人绩效和组织绩效的提升。麦克莱兰教授被誉为"胜任力之父"，开启了胜任力理论的研究，从此人们开始越来越多地涉足探讨该领域，将胜任力理论向前推进。

梳理当前研究文献，针对胜任力理论的研究主要集中在三个方面：胜任力的界定、胜任力的层次和胜任力模型的构建。

二、胜任力的界定

麦克莱兰教授将胜任力界定为绩效优秀者所具备的知识、技能、能力和特质。同时，很多学者对此予以关注，国内学者项成芳（2003）总结出了一些联系到胜任力的操作性定义：工作胜任力、任务胜任力、成效胜任力、知识、技能和态度胜任力、优秀绩效者的辨别装置、特征集合胜任力等。胜任力定义的代表性观点如表4-2所示。

表4-2   **胜任力定义**

学者（观点年代）	胜任力定义
Mclagan（1980）	足以完成主要工作的一连串知识、技能与能力
Boyatzis（1982）	个人固有产生满足组织环境内工作需求的能力
Spencer（1993）	能可靠测量并能把高绩效员工区分出来的潜在的、深层次特征
Green（1999）	可测量有助于实现任务目标的工作习惯和个人技能
Jorgen Sandberg（2000）	工作胜任力并不是指个人所有的知识和技能，而是指在工作中所使用的知识和技能
王重鸣、陈民科（2002）	导致高管理绩效的知识、技能、能力以及价值观、个性、动机等特征
仲理峰、时勘（2003）	把某职位中表现优异者和表现平平者区别开来的个体潜在的、较为持久的行为特征
项成芳（2003）	能将某一工作（组织、文化）中表现优异者与表现平平者区分开来的个人潜在的、深层次特征，它可以是动机、特质、自我形象、态度或价值观、某领域的知识、认知或行为技能
崔蕾（2006）	能驱动个人产生优秀工作绩效的，可用一些被广泛接受的标准进行测量的，而且可以通过培训与发展加以改善和提高的各种个人特征的集合，包括知识、技能、个性与驱动力等

续表

学者（观点年代）	胜任力定义
赵曙明、杜娟 （2007）	能够为企业创造高绩效的心智模式、价值观、个性、兴趣，以及能够使其胜任岗位的知识、技术、能力等
王建民、柯江林、徐东北（2015）	组织中绩效卓越成员所具备的可评估与开发的内在和外在要素的集合，要素包括技术能力、知识结构、职业精神、价值观念、性格特征和心理动机

尽管专家学者的观点并不完全一致，但有几点基本上能达成共识：第一，胜任力是直接影响工作业绩的个人条件和行为特征，具体包括知识、技能、个性、动机、价值观、态度、自我形象或社会角色等；第二，胜任力与工作绩效直接相关，甚至可以通过胜任力预测工作绩效，在此基础上，通过胜任力还可以区分出绩效优秀者和绩效一般者，正因如此，我们可以借鉴胜任力进行招聘、培训、职业生涯管理等相关人力资源管理工作。

三、胜任特征模型

1. 胜任特征的概念

在前期研究的基础上，Spencer 夫妇（Spencer Jr L. M，Spencer S. M）于 1993 年提出胜任特征的概念，他们认为，胜任特征是指"能将某一工作（或组织、文化）中有卓越成就者与表现平平者区分开来的个人的潜在特征，它可以是动机、特质、自我形象、态度或价值观、某领域知识、认知或行为技能—任何可以被可靠测量或计数的并能显著区分优秀与一般绩效的个体特征。"这一概念需要从三个方面来考虑：深层次特征、引起或预测优劣绩效的因果关联和参照标准。在实际研究中，可以将胜任特征描述为在水面上漂浮的一座冰山，常用冰山模型来展示。

根据胜任特征的显现程度不同，可以将胜任特征分为两类，外显的胜任特征和内隐的胜任特征，如图 4 - 5 所示。Charles Woodruffe 将胜任力做了"硬"和"软"之分，"硬"的胜任力指人们完成工作的标准是预期能够达到的，"软"的胜任力指在胜任的绩效后面的人的行为和人格维度。其实，本质上可以看作"硬"的胜任力是外显的胜任力，"软"的胜任力是内隐的胜任力。

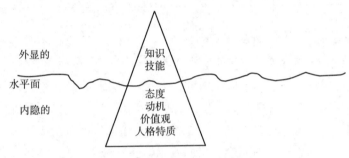

图 4 - 5　胜任特征的冰山结构

　　在冰山结构中，冰山上部分代表表层的胜任特征，是可见的、外显的，主要包括知识和技能等，该部分知识和技能是完成工作或职位职责必须具备的知识和技能，是胜任力冰山结构中的水上部分，这部分胜任力容易被观察，而且可以通过专业和职业培训进行后天培养。

　　冰山结构的下半部分代表深层次胜任特征，是内隐的，主要包括态度、动机、个性、价值观、伦理和道德等，是胜任力冰山结构中的水下部分，这些价值和标准是一种对世界和他人的看法，是一种对文化、价值和传统的特殊看法，通过这部分胜任力可以辨识出胜任的人格特征，是人格中深层和持久的部分。人在长期的社会化过程中会形成自身对于社会、对于职业的看法。它显示了行为和思维方式，具有跨情景和跨时间的稳定性，能够预测多种情景或工作中人的行为。可以说，内隐胜任特征是决定人们的行为及表现的关键因素。人在工作中的表现可能优秀，绩效也可能欠佳，而区分两者的关键因素就在于人格的深层次结构，如人的努力程度、动机和自我意向（McCllelland，1993）。但这部分胜任特征是内隐的，不易被测试并且难以培养。

但是，内隐与外显两种胜任力类别的划分也不是绝对的，知识和技能也会包括显性的和隐性的，显性的知识是可以观察到的，比较容易学习，但隐性的知识和技能，像一些不能用文字等表达的甚至只可意会不可言传的知识和技能也是很难学习的。

2. 胜任特征模型

王建民、柯江林、徐东北（2015）将"胜任力模型（competency model）"定义为：对成就组织中成员卓越绩效的可评估与开发的内在和外在要素的选项、内涵和结构直观而本质的描述。要素包括六种类型：技术能力、知识结构、职业精神、价值观念、性格特征和心理动机。胜任特征模型是指承担某一特定的任务角色所应具备的胜任特征的总和（项成芳，2003），即针对该职位表现优异者要求综合起来的胜任特征结构。胜任特征模型主要包括三个要素，即胜任特征的名称、胜任特征的定义（指界定胜任特征的关键性要素）和行为指标的等级（反映胜任特征行为表现的差异）。在行为指标方面，从基本合格的行为等级水平到最优秀的表现等级水平，都有详尽的描述。这样，我们就能清楚地知道，该职位表现平平者和绩效优异者在行为水平方面的差异究竟是什么。这就为我们甄选、培训、绩效考核和反馈，以及后面的职业生涯管理提供了准确的依据。因此，胜任特征模型是基于胜任特征进行人力资源管理的基础，我们需要开发出胜任特征模型。

胜任特征模型的建构是基于胜任特征的人力资源管理和开发的逻辑起点和基础。在很大程度上，它是人力资源管理与开发的各个模块得以有效实施的重要基础和技术前提。

不同职业的胜任特征不同，内隐和外显的知识、技能等是不同的，针对这一现象，目前国内外学者们已经建立起了包括技术人员、销售人员、经理人员和企业家等的胜任力模型。

（1）管理者胜任特征模型。根据管理者在组织中所处层次的不同，管理者可分为高层管理者、中层管理者和基层管理者，每个层次管理者所需具备的胜任特征各有差异，有学者已经专门针对相关层次进行了胜任特征模型的构建。管理者胜任力的研究始于 Boyatzis（康飞、张水波，2013）。

冯红英（2015）认为，国企高管的胜任力模型包含客户服务能力、业务知识能力、人际沟通能力、团队管理能力、心理调试能力5 个主维度，以及需求洞悉、建立信任、服务意识、行业洞悉、信息整合、学习能力、人际开拓、维持关系、谈判能力、任务分配、成员激励、职业规划、环境适应、抗压能力、情绪控制 15 个子维度。

谌珊（2015）通过对贵州烟草行业的中层管理者进行实证研究，构建了贵州卷烟企业中层管理者的胜任力模型。该模型共包括 5 个因子，分别命名为人际关系管理能力、个人内在素质、领导素质、基本工作能力、基本业务素质。而胡艳曦、官志华（2009）认为，汽车4S店销售经理的胜任力可归为 5 个因素：个性特质、背景知识、社会能力、通用技能和专业技能。

邓会勇、葛新权（2016）确立了基层主管胜任力维度，并按重要程度依次排序为：理解能力（19.37%）、沟通能力（17.65%）、非权力影响力（45.88%）、洞察力（10.33%），专业技术能力（44.45%）、学习能力（9.78%），应变能力（9.97%）、大局观（5.57%）。

（2）成员胜任特征模型。国内学者也界定了不同类型组织成员的胜任力。

国内学者贾建锋（2009）专门针对知识型员工进行分析，他认为，知识型员工的胜任特征为在特定的企业战略与企业文化背景下，驱动知识型员工运用各种工作方法和行为产生优秀工作绩效的个人特征的集合，反映的是可以通过不同方式表现出来的知识、技能、动机、个性、内驱力等。此特征必须针对知识型员工，符合知识型员工的特点，贾建锋等建立了知识型员工胜任特征模型的三维立体框架，主要包括三个维度，即知识与技术能力、职位行为能力和基本行为能力。

杨丰瑞、赵明（2008）构建了 IT 企业研发人员胜任力模型，胜任特征包括成就导向、影响力、团队合作、自信心、思维能力和专业知识。

朱永跃、夏正晶、王剑程、马志强（2014）研究了营销人员的胜任力，具体包括客户洞察力、客户沟通力和客户服务力 3 个维度。王丽娜、车宏生、刘晓梅、张伟（2011）构建了家电销售人员胜任特征模型，该模型共包括 9 项胜任特征，分别是：成就导向、主动性、学习发展、影响力、洞察力、服务意识、可信赖、情绪稳定性以及产品知识。

还有学者从人力资源管理模块探讨基于胜任力的人力资源管理，如基于胜任力模型的招聘管理（丁秀玲，2008；林朝阳、吴婷，2010；高明府，2012）、薪酬管理（马可一，2004；周二华、郝翔，2005；郑刚、曾方芳，2007；罗金莉、徐顺通、齐刚，2011）、绩效管理（钱海婷，2006；侯奕斌、凌文辁，2006；刘晓英，2011；徐峰，2012）。

四、胜任力的层次

随着学者对胜任力认识的深入，对胜任力的研究逐渐呈现出三个层次：个体胜任力、团队胜任力和组织胜任力，而且对团队胜任力和组织胜任力的研究呈现出逐渐兴盛的趋势。

1. 个体胜任力

个体胜任力是管理者或员工作为单独个体对胜任工作所需的特征的集合。如前所述，从个体角度研究胜任力，不同层次管理者或不同类型员工的工作特征研究较多，如任务胜任力、结果胜任力和产出胜任力，还有有关职位任职者的特征的胜任力，如知识、技能、态度和价值观等；同时，专家学者一般界定的是任职者具备良好绩效情况下的胜任力，而不是具备一般绩效者，因此，通过个体胜任特征模型可以将绩效良好者与绩效一般者进行区分。这两种研究个体胜任力的思路比较常见，但仍有进一步拓展的空间。

2. 团队胜任力

胜任力理论中的团队胜任力是指团队作为一个整体条件下，以成员的胜任力为核心，是成员相互影响下的相互弥补的一系列知识、技能等特征的组合（吴振东，2010）。

团队是由具有相互补充的技能的人们组成的群体，是一种特殊的群体。团队区别于普通群体之处就在于团队通过成员的共同努力能够产生积极协同作用，团队绩效水平远远大于团队内成员个体绩效水平之和。因此，团队胜任力也并不是个体胜任力的简单集合，而是团队个体胜任力的一种有机结合，注重团队成员间的互补性、差异性、灵活性、整体性及协调统一性，强调以团队作为整体来考虑，是提高团队绩效的关键，团队的成功在于合理的团队胜任。在讲求团队合作的今天，团队胜任力的研究也日渐增多，学者已经构建了创业团队、项目管理团队、营销团队和研发团队等不同类型团队的胜任特征模型，为我们进行团队绩效管理、提高团队有效性提供了理论支撑。

王建民、柯江林、徐东北（2015）通过对国际化卓越绩效企业的"高管团队"的调查建立了中国企业国际化高管团队胜任力的胜任力模型，包括三维度和九要素结构，即思想观念（共享价值观、国际化视野、竞争意识和创新精神）、知识经验（知识与经验互补、熟悉国际商务规则、国际工作经验）、行动能力（团队领导力、联合行动力和集体学习力）。

冯华、杜红（2005）认为创业团队胜任力维度分为：机会胜任力、组织胜任力、关系胜任力、战略胜任力、承诺胜任力、概念胜任力、情绪胜任力、学习胜任力，共 8 项。

李亚兵、文秋香、苏梅（2015）以立白集团甘青藏分公司为研究案例，提取出了日化企业营销团队胜任力的 6 个主因子，依次为成就动机、团队效能、沟通协作、领导风格、顾客服务导向和业务能力。

3. 组织胜任力

如同组织行为有三个层面：个体行为、群体行为和组织行为一样，随着研究的逐渐深入，除个体胜任力、团队胜任力外，组织层面也需具备胜任力，包括战略管理中的"核心胜任力"，需要战略层面整体实力的对抗（项成芳，2003）。

C. K. Prahalad 将个体胜任力概念中的个体绩效拓展到组织层面，分析组织绩效，开拓了组织胜任力的研究。而 Prahalad 和 Hamel（1990）也将个体胜任力与组织联系起来，提高个体胜任力的人力资源培训与开发等活动必须与组织的胜任力相匹配，这样才能提升组织整体层面的胜任力，才有利于组织的发展。

4. 网络胜任力

项成芳（2003）在 Bergenhenegouwen（1990）研究的基础上，提出了"网络化胜任力模型"，如图 4-6 所示。在员工层面，进行职业管理，做到符合职业需求的胜任特征，获得个体胜任力发展；在部门层面，部门经理进行授权，获得部门的胜任力发展；在高层经理层面，进行战略管理，识别出组织的核心胜任力，获取组织层面的胜任力发展。整个组织的个体、部门、整体三个层次互联互通到一起，有机结合，获取核心竞争力，打造组织的核心竞争优势。

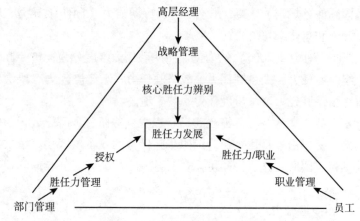

图 4 – 6　网络化的胜任力模型

资料来源：项成芳 . 胜任力的理论与实证研究——南京市国有企业高层管理者的胜任力模型［D］. 南京师范大学，2003.

第三节　变革压力管理：基于胜任力模型的视角

组织变革压力给员工在生理、心理和行为方面造成很大的负面影响，但有的组织认识不到压力管理的重要性，使员工在变革时期承受过大压力，既影响员工个体，也影响组织变革的有效推进，因此，对变革时期的压力管理必须提高重视程度，我们基于胜任力视角，从个体、团队和组织三个层面进行压力管理。

一、员工个体层面：基于胜任力模型的变革压力管理机制

如前所述，员工胜任特征是较好完成所在职位的工作任务需要的特征集合，组织变革时期，组织需要调整组织要素，包括宏观层面的调整，也包括微观层次的改革，如果工作任务发生变化，胜任

特征必然需要调整。组织变革是员工压力的重要来源，在组织变革
时期，员工会承受或隐或显的变革压力，如果员工具备处理压力的
胜任特征，压力在员工面前就不再是一座大山，员工可能会理性看
待变革，接受变革，甚至支持变革。因此，胜任力理论和变革压力
管理具有逻辑的内在一致性，可以基于胜任力理论来建立组织变革
时期的压力管理机制，如图 4-7 所示。

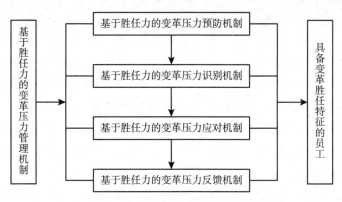

图 4-7　基于胜任力模型的变革压力管理机制

　　基于胜任力模型来建立组织变革时期的变革压力管理机制，包
括基于胜任力的变革压力预防机制、基于胜任力的变革压力识别机
制、基于胜任力的变革压力应对机制和基于胜任力的变革压力反馈
机制等四个环节，最后塑造出具备相应变革胜任特征的员工，从而
让员工缓解过度的变革压力，体会到变革的必然性和必要性，理解
组织变革，支持组织变革。

1. 基于胜任力模型的变革压力预防机制

　　组织的发展往往是从一种稳定平衡状态到另一种稳定平衡状
态。在处于稳态情况下，组织对员工可能不会产生太大压力，因为
各项工作都可以按部就班来开展。但在组织需要改变的情况下，压

力就会产生。同时压力的产生有一定的过程，并不是一开始或是变革的任何时点员工都感到压力很大，因此，组织可以采取措施预防过度压力的产生，将过大压力消灭在萌芽状态，防患于未然总比事后采取紧急措施更好。要做到变革压力的预防，可以从员工甄选、培训环节以及理顺沟通渠道等方面来进行。

（1）员工甄选——胜任力的保障。甄选是指对应聘者进行笔试、面试和其他各种测评，以及对测评合格的人员进行体检和背景调查，最终确定候选人的过程，也就是一个为岗位挑选合适人选的过程。在人力资源管理的人员甄选环节，按照员工胜任力模型进行选择，如图4-8所示。可以借鉴梁镇（2008）的研究，录用性格乐观向上、热情大方的员工（但也不能一概而论，还要视工作的性质而定）。如果是因为对压力的知识和技能等外显胜任力不能满足其职位要求，录用后工作可能承受不了，不能应对自如，压力会随之产生，但因为是外显胜任力，一般可通过培训得以提升，所以可以考虑录用后再培训，使其符合员工胜任特征，从而降低其压力；如果是价值观、动机、个性等隐性胜任力特征不满足，则一般不录用。需要注意的是，如果是态度这一隐性胜任力不满足，可以考虑先录用，因为态度是缺乏稳定性的，可以进行改变。如果是人格特征不满足，则可以考虑不予以录用。在组织行为学中，将人格分为两种：A型人格和B型人格。相关研究显示，A型人格的人更易感受到压力，因此组织也可以判断应聘者的人格特征，按工作性质录用相应人格特征的员工。人力资源管理实践中已开发出很多技术应用于测试人格特征，如卡特尔16PF问卷以及让被试者通过一定的媒介，建立自己的想象世界，在无拘束的情况下显露自己的个性的投射测试，还有专门的压力面试，在压力面试中，往往是在面试的开始时给应试者以意想不到的一击，通常是敌意的或具有攻击性的，主考官以此观察应试者的反应。

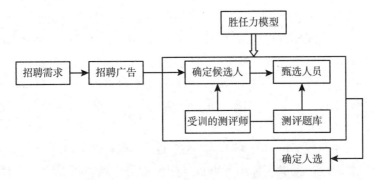

图4-8　胜任力模型与招聘的逻辑关系

　　资料来源：杨丰瑞、赵明. IT企业研发人员胜任力模型的构建及其在招聘中的应用[J]. 北京市经济管理干部学院学报，2008，23（2）.

　　（2）加强压力培训——胜任力的后续教育。培训是通过教学等多种方法，使员工在知识、技术和工作态度等方面有所改进，达到企业的工作要求。培训可以帮助员工更快地胜任本职工作。在培训环节中，要将压力培训作为一项日常的工作内容，而不是等到产生压力后才开设这个课题。同时，广开培训渠道，可以开设宣传专栏，普及员工的心理健康知识；开设压力管理课程，邀请专家学者作讲座、报告。这样接受培训后，员工一旦面临压力，就可以有针对性地进行自我减压，提高个体对工作应激的应对能力。同时员工的学习能力比较强，开展这项工作后可以满足员工胜任特征中的知识与技能方面的内容，可以从很大程度上缓解员工压力。

　　（3）建立良好沟通渠道——胜任力的保障。沟通是一种很好的缓解压力的方式。沟通可以把许多独立的个人、群体联系起来，组织起来，形成一个整体，有利于形成良好的文化氛围，统一组织成员的思想和行动，沟通也可以拉近同事间、甚至上下级之间的心理距离，降低或缓解工作压力的影响。组织建立良好沟通渠道后，知识型员工相互交流的机会增多，社会交往增加，一方面可以满足员工社会交往的需求、尊重的需求，另一方面可以互相交流知识观点，有利于增长个人知识，形成互相学习的氛围，可以相互交流态度意见等，思想观点的碰撞最易产生灵感的火花，因此，良好沟通渠道有助于员工胜任特征的建立与完善。有些员工也绝不是一味追求高薪金、高福利等物质待遇，而是要求积极参与企业的创造性实践，满足自我实现的需求。良好的沟通，可以使员工自由地与他人，尤其是管理者谈论自己的看法、主张，使他们的参与感得到满足，从而在缓解压力的同时激发他们的工作积极性和创造性。

组织应该提供多种沟通渠道，如正式渠道和非正式渠道两种。正式渠道在结构确立时就已建立。正式沟通包括垂直沟通和水平沟通。垂直沟通中，信息可以由较高层级向较低层级传递，即自上而下的沟通，也可以从较低层级向较高层级传递，即自下而上的沟通。水平沟通包括群体内的水平沟通和群体间同一层级的人员进行的信息传递。"法约尔桥"就是两个分属不同系统的部门之间进行水平沟通的典型例子，这样可以大大提高工作效率。

而非正式沟通也随时存在。科林·卡纳尔（Colin A. Carnall）认为，"大多数工作如果没有非正式沟通，就不可能完成"，强调了非正式沟通对组织的重要作用。研究同时表明，管理者会花45%的时间用于非正式沟通，因此，建立沟通渠道时需着重关注非正式沟通系统。比如可以采用一种特殊的沟通方式——咖啡时间。现在的许多企业都在写字楼的茶水间配置浓缩咖啡机和上好的咖啡豆，向员工供应免费的"工间咖啡"，来体现人文关怀和提高工作效率，这个时间就叫做"Coffee Break"（喝咖啡的休息时间，简称"咖啡时间"）。部门之间的界限得以消除，同级之间可以经常在咖啡机旁碰撞、交流。同时，上级与下级之间也有了更好的沟通渠道，比如要督促或批评一个下级，如果直接把他叫到我办公室，下级可能会感到太严肃、太尴尬，矛盾也可能会太激烈甚至产生过激行为，于是就趁他喝咖啡的时候故意撞见他，然后边喝咖啡边聊天很自然地达到了很好的批评效果。

2. 基于胜任力模型的压力识别机制

在压力预防机制的基础上，压力仍有可能存在，因此需要进行压力识别，而基于胜任力模型的压力识别机制的关键在于建立员工胜任特征模型，不具备胜任特征就会产生压力。可以通过工作分析、问卷调查等方法来进行压力的识别。

（1）工作分析。工作分析指的是获取与工作有关的详细信息的过程。通过工作分析，可以确定某一工作的任务和性质，以及哪些类型的人适合从事这一工作。可以看出，工作分析是人力资源管理工作的基础。几乎所有的人力资源管理活动——招聘、甄选、合理配置、职位评价等都需要通过工作分析获得重要的信息。基于胜任力模型的工作分析侧重知识、技能、价值观、个性等方面进行。王素艳（2009）构建了基于胜任力的知识型员工工作分析的程序，借鉴其研究，可以制定鉴别优秀员工、一般员工和不胜任员工的绩效标准，根据制定的标准来进行比较。同时可以考虑长期的、战略方面的问题，使员工长期在与组织职位匹配过程中不会感受到过度压力。

一项研究表明，工作超载是当前组织员工面临的重要压力源之一，这也可以通过工作分析等现代人力资源管理的职能得以消除。然后，根据工作分析提供的信息编写职位说明书，职位说明书由职位名称、部门名称、直接主管、任职时间、任职条件、下属人数、沟通关系、行政权限、工作内容和职责等内容构成。这就使应聘人员加入企业后对自己的工作有一个清晰的认识，消除组织中不确定因素，分清责任，澄清角色，做好自己的任务，负起自己的责任，出现问题不互相推诿，在这样的环境中工作，员工的积极性就会大大增加。

（2）问卷调查。问卷调查是一种很好的识别压力的方式。组织可以按照员工胜任特征模型所包含的项目设计调查问卷，组织员工填写，识别员工是否存在过大的压力。同时，组织可以通过压力的早期预警信号比如绩效下降、满意度降低、缺勤率提高等，判断员工是否存在过度压力。

（3）定期评估。组织在发展，随时在变革，包括组织结构的变革、技术与任务的变革及对人员的变革，同时员工自身知识的更新速度也在加快，胜任特征也可能会随时发生变化。组织可以进行定期评估，按照胜任特征进行测试，对比员工的现状与岗位要求的胜任特征的差距，判断是显性的胜任特征知识、技能等不够，还是隐性的胜任特征不满足，压力就可以识别出来。

3. 基于胜任力模型的压力应对机制

个人可以采取很多自我压力应对措施，如培养良好的生活方式、规律的生活习惯，调整消极、悲观心态为积极、乐观心态等，而组织层面的压力应对可从建立心理咨询室、专业知识技能培训、职业生涯管理、员工帮助计划等方面着手。

（1）建立心理咨询室。压力给员工带来的影响中，心理方面的负面影响比较大，我们要学会如何摆好心态来化解这些过大的压力，工作中拥有一个好心态，这样才会在工作中得心应手，因此有必要建立心理咨询室，接受员工的心理咨询，教员工正确的有效的缓解压力的办法，保持心理健康。

（2）进行专业知识技能培训。如果是因为组织变革、创新等导致员工在专业技术上感觉力不从心，不能很好掌握新技术而产生工作压力，还要开设专业知识培训课堂。

（3）基于胜任力的职业生涯管理。职业生涯是指与工作或职业相关的整个人生历程。职业生涯管理是个人和组织对职业历程的规划、职业发展的促进等一系列活动的总和。员工都有强烈的职业成长需要，组织必须关注其职业生涯。组织可以根据员工的胜任特征，将其安排到合适的职位上，做好能—职匹配。在组织结构日益扁平化的时代，员工成长、晋升的空间越来越小，组织可以建立广义晋升的概念，对职业成功进行重新定义，横向的发展也可以推进职业生涯。传统的职业成功的定义是职位的提升。20世纪90年代以后，越来越多的大公司鼓励员工不要去追求这种"快速提升跑道"，而是使员工认识到通过横向调动也会获得相应的回报和乐趣。同时也可以针对特殊类型员工设置专门的员工晋升通道，满足其职业生涯发展的需求。

（4）调整工作环境。Intuit公司首席执行官布拉德·史密斯说，"领导者的任务是认识到员工已有的才华，创造出让其产生和成长的环境"，变革领导者依然如此。有些员工从事的是创造性工作，需要舒适、宽松的工作环境，统一着装、限定的工作时间、苛刻的工作制度等会扼杀员工的创造性，组织可以调整这些措施，实行不统一着装、弹性工作制、不用严格的上下班考勤制度，只要在要求的时间内保质保量完成工作就行，这些措施都可以使员工心情愉悦，减轻压力。在欧美，超过40%的大公司采用了"弹性工作制"，谷歌的员工则可以享受到隔音太空舱、美味佳肴、台球、视频游戏等娱乐设施以及可以随时记下新创意的白色书写板，这些措施让谷歌的新创意有了无限可能。

（5）提供员工帮助计划。组织变革的实施者必须意识到变革压力及其后果的严重性，并采用相应的管理策略进行干预。变革压力的管理就是一种有效的干预措施。近几年，压力管理的重点日益注重在企业层面，基于企业背景的压力模型的研究，在过去几十年里引起了许多研究者的关注。可以建立EAP（employees assistance program）来多方位的帮助员工。20世纪90年代，美国的心理学家和社会学家率先提出了对企业进行压力管理和建立员工帮助计划EAP。EAP服务通过帮助员工缓解工作压力、改善工作情绪、提高工作积极性、增强员工自信心、有效处理同事/客户关系、迅速适应新的环境、克服不良嗜好等，使企业在节省招聘费用、节省培训开支、减少错误解聘、提高组织的公众形象、改善组织气氛、提高员工士气、改进生产管理等方面获得很大收益。研究表明，企业为

EAP 投入 1 美元，可节省运营成本 5 ~ 16 美元。目前财富 500 强企业中，有 90% 以上的企业为员工提供了 EAP 服务。

（6）帮助员工调整压力认知。在组织变革与变革压力中间存在一个中介变量"变革认知"，变革认知是员工对组织变革的必要性、价值与结果的一种判断，员工也会对组织变革要求——工作任务、工作技能等与自身具备的能力进行比较，因此变革认知是指员工对变革要求与自身资源之间是否匹配所作的评价。如果个体判断自身能够轻松应对变革后的工作要求，就不会产生压力；相反，如果个体判断的结果是变革后工作要求高于自身能力，压力就会产生。因此，在组织变革的挑战面前，能否产生压力取决于个体的变革认知。

认知交互作用理论的提出给我们分析个体认知影响压力形成提供了一个很好的思路。1976 年美国著名心理学家 Lazarus 建立了认知交互作用模型（cognitive phenomenological transactional model），后经不断完善，影响范围已经相当广泛。该理论认为人对环境进行"初级评价"和"次级评价"，继而影响工作压力的认知水平以及应对方式，Antonacopoulou 和 Gabrie 将认知评价用于组织变革，他们认为，积极的变革认知评价产生的结果是积极的情绪反应，行为上积极配合变革进程，工作热情和主动性都较高。

认知是对特定行为或反应的一种心理评价过程。员工对组织变革的认知是一个思维和判断的心理过程，不同个体由于在性别、年龄、职位、专业知识与技能水平、工作能力、工作经验等方面存在差异，评价的结果也不一样。变革认知过程受到个体的人口统计学变量（性别、年龄、职位、专业知识与技能水平、工作能力、工作经验等）的影响。社会支持对变革认知与变革压力之间的关系起调节作用；自我效能感对变革认知与变革压力之间的关系起调节作用（于唤洲、刘杰，2014）。

在巨大的压力面前，有的员工可能会采取不正常的压力缓解手段，如过量饮酒、大量吸烟等。这些行为可以暂时缓解过度的压力，实际上却严重损害了个人的身心健康。现在社会上也出现缓解压力的"发泄吧"，人们可以在那里任意发泄，但这也只是治标不治本。

在正确的压力应对方式中，员工自我认知的改变的作用尤为重要。当然，这需要员工和企业双方的努力，企业应帮助员工进行自我认知调节，自我认知调节并不是简单地要降低个体的期望值和放弃个人的追求，而是要将自己的期望值置于一个现实的水平。

第一，提供支持性资源。组织变革中，员工需要改变自身的工作方式，但若没有足够的支持性资源作保证，员工会感受到压力，因此应提供必要的、充足的支持性资源。根据工作要求—资源模型，工作资源是员工获得的工作中的心理、生理、安全和情绪等方面的资源，障碍性工作要求和工作资源的有利变化会形成积极工作压力（林忠，2016）。变革时期，管理者需要赋予员工更多的工作资源支持，包括更多的社会支持、工作任务的重要性和决策的自主性、更多的职业发展机会等。同时，学习机会也会正向影响员工的积极工作压力（张丽辉，2014），可以通过培训开发增加员工学习新知识、新技能的机会，增加上级、同事之间的交流沟通也可以让员工有相互学习探讨的机会。

第二，提高人际沟通能力。人际沟通能力能显著的影响员工个体对压力的知觉（于唤洲、刘杰，2014）。在当前的网络环境中，员工沟通方式更加便捷，但面对面的沟通交流却似乎减少很多，员工之间的联系不再那么紧密，影响员工的人际沟通能力。因此，组织除充分利用网络技术外，还要多提供给员工面对面交流的机会，轻松愉快的交流会缓解员工对变革压力的感知。

同时，知觉压力显著的影响到员工的离职倾向，因此，对于高新技术企业来说，采取恰当的措施降低员工对压力的感知水平将十分有效。根据"压力＝不确定性×重要性×持久性"的关系式，调整员工对于不确定性的认知也很重要，可以提高员工的自信心，将变革结果预期置于一个合理的水平，就很关键。

需要说明的是，这些措施都是从一般意义上分析的压力应对措施，实际管理过程中，一旦过大压力产生，组织应结合压力评估机制的结果分析压力源，针对具体情况采取相应措施。

4. 基于胜任力模型的压力反馈机制

管理的过程就是 PDCA 循环，任何管理环节都必须辅之以最后的反馈，否则前面的计划、实施做得再到位、再充分，也会是前功尽弃、功亏一篑。基于胜任力模型的压力管理机制也是如此。组织面临的内外部环境在发生着剧烈变化，压力来源、压力管理措施的效果也有着很大的不确定性。组织所采取的缓解过度压力的措施，有些并不一定有效，甚至从长远来看反而会导致压力增大。因此，组织在建立预防机制、识别机制和应对机制后，不能一成不变，必须时刻关注所采取措施的效果，积极反馈给预防机制、识别机制和应对机制，随外部环境和内部条件的变化而不断进行适应性的调整，从而形成一个良性循环，通过缓解过度压力和达到适度压力实现压力管理变压力为动力的目的。只有这样，才能历久弥新，支持组织顺利地成长和发展，避免老化与衰亡的命运。

二、团队胜任力层次

团队胜任力是指团队作为一个整体条件下，以成员的胜任力为核心，是成员相互影响下的相互弥补的一系列知识、技能等特征的组合。在团队层面可以通过团队内部成员相互鼓励，并充分引导利用非正式组织等方式来塑造团队对压力管理的胜任力。

1. 团队内部成员之间相互学习鼓励

组织变革过程中，员工个体层面会承受很大的压力，作为能将个体力量有效凝聚起来的团队，可以采取互相鼓励帮助的方法，来增强个体胜任力，进而提高团队胜任力。团队中自我调节压力能力强的员工可以给压力管理能力较弱的员工进行指导，定期或不定期举行团队会议，可以是压力管理经验交流，也可以是变革后的新技术培训等；或策划举办一些文娱活动等，缓解员工压力，增强团队凝聚力。

2. 发挥非正式组织的积极作用

在工作过程中，人们由于共同的兴趣、爱好等原因，相互交往增多，非正式组织形成。非正式组织给了员工交流情感、发泄不满的渠道，以情感逻辑为主。因此，在组织变革时期，非正式组织是员工情感交流的重要机构。组织可以利用非正式组织的作用，减缓员工的过度压力。其一，通过引导非正式组织的关键人物来进行压力管理。关键人物是非正式组织自发形成的领导者，其在非正式组织内有很大的权威，对待变革的态度会深深影响其他成员。可以引导领导者正确客观看待组织变革，从而引领其他成员的看法；其二，非正式组织也存在一定的弊端，有可能会集体抵制正式组织的变革行为，应该客观对待，积极引导，发挥其积极作用。

三、组织胜任力层次

组织变革时期，组织的整体表现情况也会影响员工的压力水平。如果变革前组织绩效较好，变革进程中又能够取得阶段性成功，也就是说组织具备整体上的变革胜任力，可能能够从一定程度上缓解员工的压力水平。因此，可以通过塑造组织变革胜任力来降低员工的变革压力水平。

第一，组织可能处于正常运作过程中，如果未雨绸缪，进行主动性变革，那么变革前绩效水平可能较好，但有些处于衰落的组织开展变革希望改变组织境况，提升绩效水平，此时进行变革，就需要后期提升变革管理水平。总之，变革进程中，组织整体绩效水平是员工评价变革前景的基础，即使不能达到同行业中的领先地位，与激进式变革前可能糟糕的绩效相比有一定程度的好转，也能让员工看到变革的希望，减缓对变革愿景能否实现的担忧。

第二，凝练组织变革核心胜任力。组织胜任力在一定程度上是"核心胜任力"，变革时期将自身优势加以提炼发挥，也可以增强员工对变革的信心，减少担忧，缓解压力。这需要变革领导者从战略层面识别组织的核心能力、自身的竞争优势、未来的定位，以及在行业中的竞争与发展战略。

第三，树立组织标杆，采取标杆管理。标杆管理的基本思想是要分析各个领域中领先者的方法，然后模仿他们的做法来改进自己的管理。1979年，美国施乐公司率先在美国企业界推行了标杆学习，后来得到普及，在市场营销、成本管理、人力资源管理、新产品开发等各个领域得到了广泛的应用。在培养组织变革胜任力方面，同样可以借鉴标杆管理的思路，进行标杆变革管理。组织可以先确定一个变革标杆组织，这个组织应该是在类似变革中取得成功的组织；然后成立变革标杆管理团队，确定工作计划；接着团队从内部收集作业数据和从外部收集其他组织的数据，通过分析数据，找出绩效的差距并确定是什么原因造成这些差距，制定和实施行动计划，达到或超过其他组织的标准，最后，总结经验，进行再标杆循环。

科林·卡纳尔提出一个变革中胜任能力的发展过程模型，如图4-9所示。该模型指出，变革中需要经过无意识的不胜任、到有意识的不胜任、到有意识的胜任，最后到无意识的胜任四个阶段，每一个阶段都需要相应的技术来支撑，才能实现组织发展成为最优秀组织的目标，该模型给了我们一个完整的胜任力发展的框架。

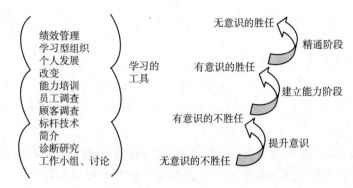

图4-9 变革中胜任能力的发展

资料来源：［英］科林·卡纳尔（Colin A. Carnall）著，皇甫刚译.组织变革管理（第5版）［M］.北京：中国人民大学出版社，2015：P. 142.

四、小结

基于胜任力模型的员工压力管理机制的运行效果会在很大程度上取决于人力资源管理的其他环节，比如详细的工作分析机制、完善的招聘与甄选系统、合适的培训体系、科学的绩效评估系统、良好的薪酬管理制度等等，如果辅之以基于胜任力模型的人力资源管理的其他环节，效果会更好。但是该机制需要进行的工作较多，工作量比较大，组织需要进行成本与收益的权衡，同时，胜任力模型的水下部分即隐性胜任特征不易观察，压力的预防、压力的识别都有赖于隐性胜任特征的判断，在技术上存在一定的难度，有待于继续研究开发出更好的识别技术。

第四节 积极变革压力管理

变革压力是一把"双刃剑"，前面主要是对变革压力的消极效应进行分析，从个体、团队以及组织胜任力角度探讨了具体管理对策，下面对变革压力的积极效应进行探讨。

一、积极压力的提出

"积极压力"的概念是在 1976 年由加拿大生理学家汉斯·薛利（Hares Selye）首次提出的，他认为不能将压力的作用简单概括为消极方面，压力具有不同的效果，除了消极压力外，还有积极压力的存在。在外部环境变化时，人们如果能有效应对，会产生成就感，自信心增强，从健康角度分析，这是有助于提高个体的健康水平的，同时对完成工作任务也有帮助。此外，积极压力作用下产生的反应要小于消极压力作用下产生的反应，究其原因是个体对两种压力的认识和利用不同。但他没有明确阐述在某种条件因素作用下积极压力是如何产生的。同时，汉斯·薛利在随后研究中，还是将重点集中在消极压力方面，并未将积极压力加以拓展。

二、积极压力的发展

最初的压力研究几乎等同于消极压力研究，人们几乎并未关注积极压力的存在与发展。直到 20 世纪 90 年代，美国当代著名心理学家马丁·塞里格曼（Martin E. P. Seligman）、谢尔顿（Kennon M. Sheldon）和劳拉·金（Laura King）提出积极心理学的概念，才将积极压力的研究向前推进，积极心理学的研究也为积极压力的研究奠定了重要的理论基础。

"积极心理学是致力于研究普通人的活力与美德的科学。"积极心理学肯定人的积极情感的作用，重视人类行为中的积极情感、态度与行为，并提倡要挖掘人的潜力，从而促进个体、组织与社会的发展，使人类走向幸福。显然，积极心理学是相对"消极心理学"而言的。

在积极心理学的引导与启发下，美国著名组织行为学家鲁森斯（Luthans）于2002年正式提出积极组织行为学的概念。积极组织行为学是对积极导向的且能够被测量、开发和有效管理，从而实现提高绩效目标的人力资源优势和心理能力的研究和应用。他认为传统组织行为学研究的重点是如何解决管理者和员工的机能失调、冲突和矛盾，积极组织行为学应将研究重点放在如何采取积极的措施促进员工潜能开发和优势发挥，以提高组织的整体绩效水平上，自此，人们逐渐重视员工积极态度与行为的研究。

积极组织行为倡导的是积极取向，这种分析研究思路为积极压力指明了未来的研究方向，将积极压力的研究向前推进。经过国内外一些学者的探索，工作积极压力在理论建构和实证研究方面取得重要进展，拓展了人们的研究视野。

三、工作积极压力的内涵

经过国内外学者的探索，积极压力的概念有了比较清晰的分析思路，进一步被廓清，对其结构维度的研究也逐渐深入，如表4-3所示。

表4-3 积极压力的内涵

学者（观点年代）	积极压力的内涵	说明
Simmons、Nelson（2004）	积极压力是个体对压力源的积极心理反应，以积极的心理状态作为衡量指标。积极压力表现为生理、心理和行为三方面的综合反应	强调是一种积极反应
严进、路长林、刘振全（2008）	压力源刺激下个体所产生的积极生理和心理反应	
田美静（2015）	多数学者倾向于认为积极压力是个体在压力源刺激下所产生的一种包含生理、心理和行为方面的积极的、适度的反应	

学者（观点年代）	积极压力的内涵	说明
Slide（2004）	积极工作压力是指个体对利好环境或增强自我幸福感的体验状态及感受	强调压力感知
Gibbons、Dempster、Moutray（2008）	积极压力是个体所知觉到的压力感的函数，只有压力感适中时，人才会出现较高的工作绩效和较好的健康水平	
闵锐、李磊（2008）	积极的压力反应是一种积极的情绪，它是一种愉快参与的感受，反映了个体感热情、主动和清醒的状态	
冯军（2010）	可以用个体所体验到的适宜压力水平来表征	

在积极压力理论研究中，影响较大的是 Simmons、Nelson（2004）的研究，他们认为积极压力是个体对压力源的积极心理反应，是个体所知觉到的压力感的函数，并提出整体压力理论模型。Gibbons、Dempster、Moutray（2008）则从压力感知角度理解积极压力内涵，认为积极压力只有压力感适中时，人才会出现较高的工作绩效和较好的健康水平。

对于积极压力的维度，学者都认为积极压力是一个多维度的概念，包括心理和行为反应两个方面，如表4-4所示。

表4-4　　　　　　　　　　积极压力的维度

学者（观点年代）	维度划分
Nelson、Simmons（2004）	积极情感、希望感、意义感、易于管理、自尊、满意感及幸福感等
Simmons（2007）	积极情绪、富有意义、易于管理、富有希望
袁少锋、高英（2007）	组织承诺、工作满意度、工作参与感和自我效能感等常见的心理指标
冯军（2010）	积极情绪、坚韧态度、挑战期待、希望感以及良好状态
刘妮娜（2011）	目标知觉、积极情感、可管理性和工作投入

续表

学者（观点年代）	维度划分
赵娟娟（2011）	积极情绪、富有意义、管理能力、富有希望
田美静（2015）	心理状态：积极情绪、自信心、希望感、成就感 行为反应：坚持不懈、高效率

四、积极变革压力的管理

每个人都有积极情绪和消极情绪，只有将二者能做到合理调节，才能实现良性发展。压力存在积极效应和消极效应，我们可以通过增强工作的挑战性、重视员工主动性的发挥、关注员工的人格特征等方面进行管理。

1. 增强工作的挑战性而不是消极压力

组织在结构设计完成后需要给各岗位配备员工，匹配的基础即是职位说明书，职位说明书可以通过工作分析得到，在其中明确每个岗位、每个部门的职责和职权。职位说明书是人力资源管理的基础，招聘、培训、考核等各项工作都需要根据工作说明书来进行。组织变革时期，员工的工作职责等内容可能会发生变化，现有知识技能可能会被淘汰，新岗位所需知识技能可能要重新学习，一方面可能会给员工带来一定的压力，但另一方面长期的稳定的工作职责、工作任务会增强员工的工作倦怠感，员工从既有工作岗位中体会不到工作的乐趣，甚至只有无趣，只有应付，因此，适时适度地改变工作任务，进行组织变革会给员工带来工作的新鲜感，增强工作的乐趣，员工会积极努力工作，员工会沉浸在工作挑战性带来的乐趣中，获得沉浸体验（flow experience）[①]，因此，组织变革带给

---

① 沉浸体验，是由美国芝加哥大学心理学博士 Mihaly Csikszentmihalyi 于 1975 年首次提出的。Parker, Bind & Strauss（2010）将沉浸体验理解成个体将注意力集中于某项活动的状态，在这种状态下个体感到浸入，忘记时间、疲倦和其他任何事情，只关注于活动。

员工的是工作的积极压力。同时，员工在不被激励的状态下，只发挥 20% ~30% 的能力就可以完成工作，员工可能也会认识不到自身的潜力到底有多少，在任务改变的情况下，员工会充分挖掘自身的内在力量，潜在能力被充分发挥，激发出来的力量使个人能力与变革要求达到更高水平的匹配。

2. 重视员工主动性的发挥

积极组织行为学强调人的积极取向，包括人的积极情感、主动性行为等，在组织变革时期，在谈组织变革给员工带来的消极压力时，都是站在组织变革是组织管理者强行推动的，员工在组织变革面前处于被动地位，这种分析思路忽视了人的积极主动性。个人主动性是个体采取积极和自发的方式，通过克服各种障碍和困难，完成工作任务并实现目标的行为方式（Fay、Frese，2001），其中一个维度即"自发"，个体在不被管理者或职位说明书要求的情况下，主动完成一些工作，其追求的是自我管理，是要完成自我设置的目标。因此，在管理积极变革压力时需要注意以下两点：

第一，在实际的变革中，也有员工的主动性变革行为存在。员工的主动性对积极行为的产生具有非常重要的作用。有的员工会在挑战性的工作中主动变革工作方法，革新工作技术，发起主动性变革。

第二，实际组织变革进程中，组织公民行为也可能被展现出来。组织公民行为是指"在组织正式的薪酬体系中尚未得到明确或直接的确认，但就整体而言有益于组织运作成效的行为总和"。有些主动性较强、组织认同度较高的员工对变革予以更多的理解，他们可能会积极支持变革，也可能会给带有消极情绪的同事解释变革的必要性，主动承担起更多的变革任务，加入变革项目，以积极的态度与行为应对变革，这些行为都有利于组织变革，但在职位说明书中未明确规定，属员工的职责外行为，这些表现即为变革时期的组织公民行为，可理解为"组织变革公民行为"，需要引起变革管理者的重视。

3. 关注员工的人格特征

组织变革过程中，不同个性特征的人会有不同的反应。乐观主义和悲观主义是两种典型的衡量人的个性的指标。根据 Parties 的研究，乐观主义的个体感觉对所处变革环境容易掌握，变革接受度更高；而悲观主义的个体在面临组织变革情景时，会感到手足无措，无所适从，负面情绪增加，变革接受度比较低，甚至抵触阻碍变革。因此，在变革进程中，要随时关注员工的情绪反应。对持悲观态度，有消极行为的员工进行重点关注，给予他们更多的指导、沟通与交流，改善他们的情绪，让他们体会到团队及组织的温暖，变消极为积极，提高自我管理情绪的能力，采取乐观向上的态度对待变革。

本 章 小 结

组织变革是员工的一个重要压力来源。外部经济、技术和文化环境的不确定性影响着员工，组织结构调整、工作职责内容变化和领导风格等考验着员工的承受力，同时个体的个性特征、人际关系网络和变革认知等因素也在使员工感受到变革的压力。过大的组织变革压力会对员工个体生理、心理和行为方面产生消极影响，继而传导到组织层面，影响组织氛围、组织运营以及组织绩效。

传统的工作压力管理模型经历了个体——环境匹配理论（person-environment fit model）（P－E 模式）、工作要求—控制模型（job demands-control model，简称 JDC 模型）、工作要求—控制—社会支持模型（job-demands-control-support model，简称 JDCS 模型）、工作要求—资源模型（job-demand-resource model，简称 JDR 模型）、认知交互理论模型等几个阶段。在组织变革时期，可以基于胜任力模型来进行员工的变革压力管理。具体包括基于胜任力的变革压力预防机制、基于胜任力的变革压力识别机制、基于胜任力的变革压力应对机制和基于胜任力的变革压力反馈机制等四个环节。同时，还可以通过团队内部成员间相互学习鼓励、充分发挥非正式组织的积极作用等方面来塑造团队胜任力，通过塑造组织变革胜任力来减缓员工压力水平。最终，通过个体、团队和组织胜任力三个层面的建设与塑造来提升整体胜任力，缓解员工变革时期的压力水平。

　　同时，我们还应看到，变革压力是一把"双刃剑"，过度的压力对员工与组织都会产生负面影响，但适度的压力还会变为动力，激励员工努力完成变革任务，因此，变革压力的积极效应不容忽视。积极压力的研究是从20世纪90年代积极组织行为学产生后才引起专家学者重视的课题。积极压力是个体在变革压力源刺激下所产生的一种包含生理、心理和行为方面的积极的、适度的反应。组织可以通过增强工作的挑战性、重视员工主动性的发挥、关注员工的人格特征等方面进行积极变革压力的管理。

第五章

变革阻力管理：以新生代知识型员工为对象

　　组织变革过程并不是一帆风顺的，既有内外部因素的推动，也有抑制因素的存在，每次组织变革都伴随着来自员工个体、群体甚至组织层面的阻力，克服变革阻力成为推进变革进程的关键一环。而组织中的人力资源各有特点，如何针对其自身特点找到合适的管理对策是我们需要斟酌的。其中，新生代知识型员工是近几年研究较多的一个群体。该群体出生于1980年以后尤其1990年以后、受到系统大专以上学历教育，利用知识工作，主要依靠脑力劳动工作，为组织创造价值，是现在劳动力市场上的主力军，在组织中承担着重要任务。他们受到过系统的教育，专业技能水平较高，对工作的自主性要求高，不愿意受到过多的工作限制，工作大都具有很强的创造性，更愿意在宽松的环境中工作，同时，工作过程不易监督，工作成果不易衡量。那么他们对组织变革的看法如何？又如何形成阻力，组织变革过程中我们需要如何关注新生代知识型员工就是本部分要探讨的内容。

第一节　组织变革阻力研究

一、变革阻力的概念

　　"变革阻力"的概念最早由 Law rence. P. B 于 1954 年提出，认为阻力是"阻止组织脱离现状的力量"，并分析了阻力产生的原因：习惯、经济因素和安全感；Lewin（1951）、Robbins（1994）也分析了组织变革的阻碍力量，其中，Robbins 指出了员工抵制变革的五项原因：安全因素、经济因素、习惯、对未知恐怖事物恐惧和选择性处理信息；此外，还有很多学者（Katz. D，Skinner. B. F，Freeman. J，Weber 等），也阐述了他们对变革阻力的一些观点。

　　国内学者张丽坤、王海宽、刘开第（2004）将组织变革阻力定义为"当组织存在变革的动力和压力时，组织中个体和组织群体的任何试图保持现有状态的行为"。其中行为是决策者对变革条件的反应。陈春花、张超（2006）则认为组织是一个平衡状态，当发生改变时，维持平衡状态的态度和行为都可以称得上是变革阻力。可见，两位学者都认为组织都在试图维持原有状态，阻碍变革。而到底包含态度、行为还是只包含一个行为成分，观点不一。我们借鉴陈春花等的研究，认为变革阻力应该包含态度与行为两种成分。

二、变革阻力的来源

　　借鉴张丽坤、王海宽、刘开第（2004）的研究，我们认为，组织变革阻力来源于三个方面：员工个体层面、群体层面和组织层面。

1. 员工个体层面

员工个体阻碍变革，主要是因为害怕失去既得利益、不愿意改变现状、自身具有惰性以及对变革未来充满担忧等。

（1）害怕既得利益损失。不论是什么类型的变革，抑或是针对哪方面的变革，组织变革都是改变现有状态的过程，必然带来权力与利益的重新调整。员工个体担心既得利益受到损失，会抵制变革。即使变革愿景中描绘出未来非常美好，变革会给个体带来更多的利益，但因为只是愿景，未来充满不确定性，担心和忧虑使他们宁愿掌握现有利益，也会选择抗拒变革。有的产生防御心理，在态度上即使内心深处希望组织变革，表面上也会阻碍变革进程。

（2）不愿改变的心理状态。员工的个性特征不同，理想的生活状态也有差异。有些员工喜欢稳定安逸的工作生活状态，对当前的工作已经非常熟悉，不喜欢改变，但组织变革就是要他们要改变这种状况，因此，他们会从心理上对组织变革产生内在的抵制，最终表现出抵制的行为。

（3）影响个体安全感。马斯洛需要层次理论指出，人有五个层面的需要：生理需要、安全需要、社交需要、尊重需要和自我实现需要，安全需要位于第二层级。安全需要包括人身安全、工作安全等。组织变革时期，随着结构的调整，有些员工可能会面临职位变化，甚至失业的危险。在企业纷纷进行瘦身的情况下，在信息技术广泛应用于组织的情况下，"裁员"已是不得不为之的管理策略，这会进一步加剧员工心理上对工作的不安全感，认为风险在增加，工作认同和组织认同度可能都会降低，行动上往往会抵制组织变革。

（4）员工个体惰性。员工个体惰性是指个人不愿改变原有已经习惯了的工作生活方式、思维模式等的特征。当变革对象面对组织变革以习惯方式做出反应的倾向时，个体惰性在个人行动中就起着阻力源的作用。

2. 群体层面阻力

群体（group）是指为了实现某个特定的目标，由两个或更多的相互影响、相互作用、相互依赖的个体组成的人群集合体。群体信息沟通不畅以及群体惯性等都会影响组织变革信息的获取，形成群体层面阻力。

（1）来自部门的抵制。部门是个人与组织联系起来的桥梁，组织变革是利益的重新调整，部门的职责、权力和利益也要重新分配，部门既得利益者以及受影响的部门也会不同程度的抵制变革。尤其是对当前结构形式中比较灵活的事业部被赋予了更多决策权与自主权，如果变革威胁到事业部的利益，事业部可能会选择自主决策，组织很难掌控其发展情况。部门整体上对变革的抵制需要我们引起足够的重视，需要协调好部门目标和组织目标之间的关系。

（2）信息沟通障碍。沟通是指可以理解的信息或思想在两个或两个以上人群中的传递或交换的过程。沟通障碍是指在信息传递过程中发生失真、过滤或中断等现象，造成信息沟通效果不佳。

产生沟通障碍的主要因素包括：个人因素、人际因素、结构因素和技术因素等。组织变革过程中群体交流沟通的是变革信息，但群体中的个体以及人际因素等都会影响变革的进行，渠道不畅、变革信息不能真实有效及时传递，会让群体以及群体中的个体对变革感到无所适从，甚至抵制变革。

群体沟通包括正式沟通和非正式沟通。我们不得不特别关注非正式沟通，小道消息传递速度非常快，在正式变革信息不能很好传递的情况下，人们往往通过非正式沟通来获得对变革的信息，因而需要特别关注。

还可以从另外一个角度分析，信息沟通障碍主要来自于信息发送者、信息接受者和沟通环境三个方面的有关因素。组织变革过程中不利于信息沟通的环境也会形成障碍。

（3）对专业知识的威胁。员工的知识都来自于某一专业背景，群体也会呈现出一定的专业性，如果变革要求某一群体改变其专业知识，另学新知识、新技能，那么该群体也可能会阻碍变革，因为学习新东西总是需要耗费时间和精力的，同时学习的结果也未必能如愿真正提升自己，所以他们会选择坚持原来状态。

（4）群体惰性。在形成群体的过程中会逐渐形成一些群体规范，群体规范就是群体所确立的群体成员共同接受的一些行为标准。群体规范对群体成员的行动有着重大影响，它让群体成员知道自己在一定的环境条件下，应该在意什么，应该做什么和不应该做什么。群体规范对群体成员的约束力比较大，组织变革时期，个体不愿成为主动积极的"出头鸟"，会受到群体规范的影响转变对变革的态度，形成阻力来源，因此，正确引导群体规范非常关键。同时，群体也有群体的运作模式，组织变革也会影响群体的构成、群体的结构等因素，因此，群体也会习惯于保持原有运作状态，即群体惰性，强调维持现状的群体在群体结构、组成和工作关系方面，会阻碍组织变革。尤其是非正式组织对组织成员的影响非常大。非正式组织的人际关系、群体规范也约束着他们所在群体的成员的行为，影响组织变革。

3. 组织层面阻力

（1）组织文化。组织文化是组织在长期的实践活动中形成的并且为组织成员普遍认可和遵循的具有本组织特色的价值观念、团体意识、工作作风、行为规范和思维方式的总和（周三多，2014）。

组织文化对组织成员来讲是一种软性约束，会通过组织共同的价值观不断影响组织成员的价值观，引导组织的行为和活动。不管组织文化的强与弱，都会在整个企业中产生深刻影响，尽管有时我们可能感受不到组织文化的存在。在组织变革时期，组织文化的作用更加彰显，从深层次影响员工对于变革的态度和行为，鼓励变革、鼓励创新的文化也会让整个组织充满接受变化、应对变化、不断创新的氛围，但保守的、对变革与创新感到害怕的文化也会让整个组织表现出坚持既有思维、甚至抵制任何变化，形成变革阻力。

（2）组织惰性。员工个体和群体会有惰性思维及行为表现，组织也会有惰性思维。组织惰性思维是指组织整体在长期的运作过程中，形成的对一定事物的习惯性反应。组织如果习惯于形成的既有规范与运作模式，就会表现出对变革的不支持甚至抵制，尤其是使组织取得成功的既有模式，组织更不愿意做出任何改变，让组织改变取得成功的运作模式，难上加难。同时组织在发展中形成的框架——组织结构也有稳定的趋势，横向的部分设计和纵向的层级机制也会保持一定的稳定状态，难以做出改变而成为组织变革的反作用力。这种现象在大企业中可能比较明显。

第二节　新生代知识型员工相关理论

国外对新生代知识型员工（通常称为"Y—代"）的研究起步较早，国内从 2006 年开始逐步增加。对新生代知识型员工的研究主要集中在个性特征、激励因素和工作过程等方面。

一、新生代知识型员工概念界定

1. 新生代的概念界定

新生代通常称为"Y—代"（generation Y），在西方国家是相对于 X—代（generation X）而言的。"X—代"的概念首先由美国《时代》杂志提出，该杂志在 1990 年 7 月 16 日的封面文章中，把出生于 20 世纪 60 年代中期到 70 年代末期的年轻人，称作"X—代"。经过加拿大作家道格拉斯·库普朗 1991 年出版的名为《genemtion X》（《X 一代》）的小说的推广，"X 一代"更加流行。"X 一代"在个人价值观与性格方面表现出较强的个性特征，他们的个人主义信念较强，主观意志也在生活与工作中表现得较为明显，同时，在日常生活中执行消费至上的理念。

而"Y 一代"是相对于"X 一代"而言的，2001 年美国《管理 Y 一代》一书中正式将出生在 20 世纪 80 年代左右的，并在 2000 年后成长起来进入社会的一代人称为 Y 一代，他们尽力维持工作和家庭间的平衡，这代人创造了美国 20 世纪八九十年代的经济繁荣。同时，这一代人是伴随着计算机技术及互联网技术的发展而成长起来的一代，因此也被称为"E 一代""网络一代"。在西方人眼中"Y 一代"相比"X 一代"也表现出自身群体的个性特征。他们大多独立意识较强，崇尚自由，对工作要求注重自身发展以及工作的挑战性而且工作过程具有较强的规划性。

我国学者也将"Y 一代"的概念引入进来，在称呼上有所不同，通常被称为"80 后"。谢蓓（2007）认为"80 后"是指那些受过良好教育，至少高中以上学历，并且已经进入职场的群体。秦海军（2013）则从 Y 一代的成长环境界定新生代员工，他认为 Y 一代成长于我国已然改革开放的大背景，此时人们生活水平已经相对富裕、文化开放程度比较高、计算机技术迅猛发展，这部分人的主体是出生在 1985～1990 年的群体，也包括部分出生在 1985 年前及 1990 年后的企业员工。穆欣（2014）对新生代的成长环境的判断与秦海军比较一致，但将出生年龄界定为 1980 年以后出生的，包括"90 后"。

综合专家学者的观点，我们将新生代员工界定为：出生于 1980 年以后，已经进入职场的群体。据 2010 年智联招聘统计显示，新生代员工数量在多数企业中所占比重过半，在高科技企业中高达 70%。新生代员工已经成为劳动力市场的主力军，在企事业单位中已经成为中坚力量。

2. 知识型员工概念界定

"知识型员工（knowledge staff）"这一概念首先由世界著名大师美国学者彼得·德鲁克（Peter. F. Drucker）于1959年在其著作《明天的里程碑》中提出，他认为知识型员工是指"那些掌握和运用符号及概念，利用知识或信息工作的人"，提出时主要指某个经理或执行经理。加拿大著名学者弗朗西斯·赫瑞比（Frances Horibe）在其著作《管理知识员工》中也对知识员工进行了界定，她指出："知识员工就是那些创造财富时用脑多于用手的人们。他们通过自己的创意、分析、判断、综合、设计给产品带来附加值。"可见，朗西斯·赫瑞比主要从脑力和体力方面区分知识型员工和其他员工，而彼得·德鲁克也曾将知识型员工按照体力和脑力进行划分，一类是主要运用脑力和知识储备的高知识型员工（high knowledge worker），另一类是体力和脑力并重的知识型的技术工作者（knowledge technologists）。著名咨询公司安盛认为，知识型员工是指那些能完成知识型工作的，具备输入、创造力和权威的员工。

国内学者大多综合多个专家的意见，雷巧玲、赵更申（2009）认为，知识型员工是指自身具备较强的学习知识和创新知识的能力，在企业中从事知识的创造、传播、共享和运用，并能为企业创造较大价值的人；穆欣（2014）认为知识型员工是具备应用知识、以脑力劳动为主和可为企业带来资本增值三个特征的员工。知识型员工拥有"创造设计、分析归纳和综合判断的能力，而这些能力能够为企业的产品带来附加价值"。

就知识型员工的分布范围和从事职业而言，包括科技型企业、医疗行业的医生护士、教育行业的教师等，分布范围比较广泛，甚至"管理人员、专业人员以及销售人员都属于知识员工的范畴"（穆欣，2014；安盛咨询公司）。

综合专家学者的观点，我们将知识型员工界定为利用知识工作，以脑力劳动为主，为组织创造价值的员工，主要侧重在"知识"的含义方面。

3. 新生代知识型员工概念界定

结合对新生代和知识型员工的分别界定，新生代知识型员工的概念界定主要包括如下观点：王汉斌、杨晓璐（2011）所研究的新生代知识型员工是指1980年以后出生的具有大专以上学历的员工；王丽霞、钱士茹（2012）认为，新生代知识型员工是指出生于20世纪80年代及之后，已经完成大专以上的学历教育，掌握一定的专业知识和技能，现已经走上工作岗位，服务于企事业单位，且具备从事生产、创造、扩展和应用知识能力的员工；杨漫（2013）与王丽霞、钱士茹等的观点一致；潘琦华（2013）指出新生代知识型员工是指1980年后出生，拥有知识和技术，通过自身创造性的活动，为社会和企业创造价值和财富，并同时实现自我价值的一代人。穆欣（2014）认为，新生代知识型员工为主要是受过良好教育的，依靠脑力劳动来为公司创造价值的人，具体指的是管理、技术、销售、产品研发、会计财务、法律咨询顾问等岗位上的"80后"员工。李燕萍（2012）、石冠峰（2014）等认为，新生代知识型员工是指出生于20世纪80~90年代，能够掌握并运用知识开展工作，具有较强的独立性与自主性，重视自我学习与成长的员工。

可见，对新生代知识型员工的界定主要从出生年代、学历及技能等方面进行。我们将新生代知识型员工界定为：出生于1980年以后包括1990年以后的、受到系统大专以上学历教育的、利用知识工作，主要依靠脑力劳动工作，为组织创造价值的员工。

二、新生代知识型员工特征研究

新生代知识型员工由于其成长环境的不同，在个性特征与价值观等方面与"80前"有很大不同，表现出鲜明的个性（张丽娜，2009）。同时，新生代员工包括20世纪90年代出生的员工，由于互联网技术的发展，"90"后是大范围应用互联网技术的第一代，因此个性也非常突出（郑雪艳，2010）。

知识型员工受到过系统的教育，专业技能水平较高，对工作的自主性要求高，不愿意受到过多的工作限制，工作大都具有很强的创造性，更愿意在宽松的环境中工作，同时，工作过程不易监督，工作成果不易衡量。

在知识经济时代，知识型员工对组织的重要性更加凸显，在组织变革时期，如果知识型员工能够充分认识到变革的必要性和重要性，能够对组织变革提出自己的建议，组织变革中重要的员工基础得以建立，也可对其他员工起到良好示范作用，组织变革的成效也会更好。

新生代知识型员工应该具备"新生代员工"和"知识型员工"的共同特点，对新生代员工特点的研究如学者窦永虎（2010）、孟慧斌（2011）、兰枫（2012）等，对知识型员工的研究如弗朗西斯·赫瑞比（2000）、彭剑锋、张望军（1999）等，综合专家学者的研究，我们认为新生代知识型员工具备如下几个鲜明特征。

1. 受过较好的系统教育

新生代知识型员工成长于 20 世纪 80 年代，我国改革开放取得良好成效，市场经济迅速发展，人们的收入水平、生活水平在稳步提高，国家也非常重视教育工作，人们对教育的投入也在不断增加，有着良好时代背景的"80 后"享受了经济发展的红利，受过良好教育，具备相应的知识和能力。

2. 具有较强的独立性和自主性

新生代知识型员工良好的系统教育为其提供了丰富的知识资本，在工作中他们表现出较强的独立性和自主性。他们对工作的追求也强调自主特征，工作环境要宽松自由，不愿受制于人，不愿意任人摆布，蔑视权威，不愿意由上级确定工作计划、工作内容以及开展工作的方式等，喜欢自我引导，自我管理。同时也表现出较强的成就动机，希望得到团队、组织与社会的认可，真正实现自我价值。

秦海军（2013）用格尔特·霍夫斯泰德（Geert Hofstede）的权力距离来定性评价这一特点。权力距离（power distance）是衡量社会接受机构和组织内权力分配不平等的程度尺度，是霍夫斯泰德建立的民族文化框架中的一个维度。个体看待组织内部权力分配不平等情况也可借鉴这一指标。秦海军指出，新生代员工从小受西方个体文化的影响，对权力的敬畏和认同逐渐下降甚至蔑视行政权威，权力距离在由大变小，这也给管理新生代知识型员工的管理者带来了挑战。

3. 拥有较强的创新意识

新生代知识型员工生活在开放的时代，各种新鲜事物层出不穷，各地文化也在不断碰撞，他们已然学会了用开放性思维来看待这个世界。在组织中，他们活力四射、视野开阔、敢于创新、敢于挑战过去、挑战传统、接受新鲜事物，大多数受过高等教育，掌握了比较系统的理论知识，拥有自主创新的基础。库柏说："知识型员工之所以重要，并不是因为他们掌握了某种秘密知识，而是因为他们拥有不断创新知识的能力。"新生代知识型员工能够在工作中发挥个人的智慧和才能，随时创新产品、创新服务方式。

4. 学习能力很强，接受新鲜事物速度较快

新生代知识型员工由于受过系统的高等教育，自我学习能力较强，如果有不同于以往的事物出现，他们会比较积极主动地进行探索，如果和自身价值观等认识较为一致，就会很快接受新鲜事物。

5. 工作过程难以监控、工作成果难以衡量

脑力劳动和体力劳动的区别之一就在于工作过程的操作性，脑力劳动的工作结构化程度很低，没有既定的工作程序可以遵循，工作步骤和流程也不够明确，体力劳动则结构化程度较高，员工可以遵循既定的工作流程，因此主要从事脑力劳动的新生代知识型员工

的工作过程很难监控。

体力劳动的工作结果可能会以产品数量来衡量，指标大都可以量化，而脑力劳动的成果可能是一个创意、一个想法或一个方案，能为组织带来的效益很难具体衡量，因此，新生代知识型员工的工作成果较难用量化指标来进行衡量。同时，新生代知识型员工往往以团队形式工作，工作成果是团队成员的共同劳动成果，难以按个体进行单独衡量，因此，新生代知识型员工的工作过程难以监控，工作成果难以衡量。

6. 具有较强的流动意愿

新生代知识型员工强调以自我为中心、自主管理、自我控制，一旦工作环境达不到相应要求，他们就有可能会选择离职，对组织的情感承诺较低。同时，因为新生代知识型员工拥有价值性非常高的知识、技能等知识资产，无论哪个组织，都需要这些核心资源，他们离职时也就拥有了更多的工作选择权，因此，组织的持续承诺比较低，同时，新生代知识型员工的职业承诺更高，他们主要看中的是组织的软性环境，会不断追求挑战性更强的工作，以求实现自我价值，因此，一旦有合适机会，他们会毫不犹豫选择跳槽，表现出较高的工作流动性。

7. 压力承受能力较弱

由于国家计划生育政策的影响，新生代知识型员工中大都是独生子女，从小生活在无微不至关怀的环境中成长，遇到压力较少，但工作后又追求层次较高，期望值较高，面对压力和挫折时往往手足无措，无所适从，自我调适能力较差，"心理弹性"较低。

8. 价值观多元化

世界变得越来越平坦，新生代知识型员工接受着全球化、多元化的熏陶，价值观也呈现出多元化态势。在他们心目中，不存在统一的、标准的价值观模式，每个人都可以不同，都可以有自己的个性，活出自我，实现自我是他们的最大追求。

三、新生代知识型员工激励因素研究

根据新生代知识型员工个性特征，石冠峰、韩宏稳（2014）通过对江苏苏宁易购公司的 15 名新生代知识型员工和新疆高校的 10 名 MBA 年轻学员进行访谈，提炼出 16 项激励因素，具体包括工作激励因素（工作挑战性、工作自主性、个人成长与发展、合理的工作量、培训学习、晋升空间、参与决策）、周边激励因素（薪酬福利、工作场所、人际关系、团队合作、沟通渠道）、环境激励因素（公司前景、领导素质、文化氛围、领导支持与关心）。接着通过对江苏、安徽、新疆等地区六家企业的新生代知识型员工进行调查分析发现，前八项激励因素依次为个人成长与发展、薪酬福利、工作挑战性、公司前景、领导素质、晋升空间、培训学习和参与决策。

员工激励包括物质激励和非物质激励两方面，学者大都认为非物质激励因素对挽留、激励新生代知识型员工具有重要意义。秦海军（2013）在论文《新生代知识型员工非物质激励因素研究》中认为，他通过对就职于海南、重庆、广州、深圳的 30 位新生代知识型员工进行调查分析后将新生代知识型员工非物质激励因素分为个人发展因子、工作环境因子、工作价值因子三个维度。其中，个人发展因子包括工作成就、能力发挥、参与管理、晋升发展、培训学习和公司前景六项激励因素；工作环境因子包括领导素质、管理制度、企业文化和人际关系四项激励因素；工作价值因子包括工作稳定、工作挑战、工作自主和工作兴趣 4 项激励因素，总共 14 项激励因素。新生代知识型员工的三大非物质激励因子重要程度由高到低排序为：工作环境、个人成长、工作自身，但他们对非物质激励的要求远不止现实状况的激励水平。

王雅楠、许素青（2014）认为个人发展、工作自身和工作环境方面的非物质激励对新生代知识型员工意义重大。可见，非物质激励因素占比更高。新生代知识型员工生活在物质相对丰裕的环境，物质因素对他们来说只能位于其次，已不是关键因素。在非物质激励因素中，个人发展往往位居前列，甚至居于首位。新生代知识型员工的自我意识强烈，非常看重自我能力的发挥与自我价值的实现，渴望体会到工作带来的成就感。

四、新生代知识型员工工作过程研究

余海燕（2011）探讨了新生代知识员工的绩效管理，认为可以通过合理设置工资比例和三项贴水（收入贴水、信誉贴水和情感贴水）来进行绩效管理。

赵晨、高中华（2014）研究新生代知识员工的工作家庭冲突问题，并采取以往很少采用的人口特征差异交互效应视角进行分析，实证研究发现：首先，男性比女性感受到的工作家庭冲突更为强烈；有能力获得职位提升的员工能够自己找到排解工作家庭冲突的办法。其次，性别差异分别与工龄差异和职位层次差异存在显著的二维交互效应。最后，性别差异与工龄差异、职位层次差异之间还存在显著的三维交互效应。

王维（2013）研究发现，心理资本维度中的自信勇敢、谦虚诚稳、坚韧顽强、乐观希望、奋发进取、包容宽恕、感恩奉献都与创新绩效呈显著的正相关，需要综合开发心理资本各个维度，提升心理资本水平；同时，组织归属感会调节新生代知识型员工心理资本与工作绩效之间的关系，管理中需要提升新生代知识型员工的组织归属感。

穆欣（2014）从心理契约角度分析新生代知识型员工的心理契约与工作绩效之间的关系，发现二者正向相关，同时，组织社会化在两者关系中起调节作用。在管理中需要平衡组织与员工的心理契约，随时掌握新生代知识型员工的心理契约变化情况，采取管理措施；同时要重视组织社会化的管理，包括工作胜任社会化、组织政治社会化、组织文化社会化和组织人际关系社会化等。

五、新生代知识型员工离职研究

新生代知识型员工工作流动性较强，需要注意其离职动因及离职倾向。研究员工离职模型的学者包括：Price、Mohley、Steers、Mowday、Arnold 等。其中 Priee – Mueller（2000）模型包括因素较全，影响范围较广，该模型主要由环境变量、个体变量、结构变量和过程变量四类与离职有关的变量组成。国内学者王汉斌（2011）则专门针对新生代知识型员工这个群体进行研究，仍从 Priee – Mueller（2000）模型四类变量探讨离职因素，并从招聘、培训、激励和沟通四个方面提出相应预防措施，如图 5 – 1 所示。

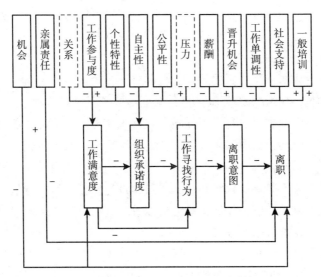

图 5 – 1　改进的 Priee – Mueller（2000）模型

资料来源：王汉斌. 新生代知识型员工离职动因分析及对策［J］. 哈尔滨商业大学学报（社会科学版），2011（5）：P. 55.

此外，邵丹、黄小谷（2013）通过实证研究发现，新生代知识型员工的心理资本与希望对离职倾向呈现出显著的反向影响关系，韧性与乐观对离职倾向的反向影响作用不显著，主观幸福感在心理资本和离职倾向之间起到部分中介的作用。

总体而言，国内外针对新生代知识型员工的研究近几年中逐步丰富，但相对来说还是比较零散，不够理论化和系统化，尤其是针对新生代知识型员工变革阻力的文献更加匮乏。

第三节　变革阻力管理：以新生代知识型员工为研究对象

新生代知识型员工出生于 20 世纪 80 年代或 90 年代，在组织中占多数，而"80 后"甚至已成为劳动力市场的主力军，是组织的中坚力量。因此，组织变革时期，争取到他们的支持成为组织变革成败的关键因素。

新生代知识型员工由于具有鲜明的群体个性特征与工作需求特征，因此，在组织变革时期的表现也不同于其他群体员工。第一，新生代知识型员工自我意识强烈，在组织变革时期同样不希望管理者对其采取硬性指派，如果管理者的态度强硬，那么他们就可能抵制变革；第二，新生代知识型员工对新事物接受能力较快，富有创新精神，对于变革，只要其变革愿景和自身目标一致，他们也会支持变革；第三，新生代员工对于精神激励更看重，更关注自身职业发展与自我价值实现，因此，组织变革如若对他们的职业发展不利，他们也会形成变革阻力；第四，新生代知识型员工由于自身抗压能力较弱，面对组织变革带来的压力也可能会感到无所适从，对变革不利。可见，虽然知识型员工所受教育水平高、层次较高，但仍有可能成为抵制变革的一种力量，因此，在当前探讨根据员工类型减少变革阻力文献并不多的情况下，专门针对新生代知识型员工探讨减少变革阻力的策略具有一定的现实意义。

在变革压力管理中，我们构建了基于胜任力模型的压力管理机制，同样，如果按照减少变革阻力的要求对新生代知识型员工进行胜任力培养，那么，阻力因素势必会减少，甚至会成为组织变革的推动力量，两者具有内在的逻辑一致性，因此可按此思路进行深入研究，探寻出具体的管理策略。

一、新生代知识型员工变革胜任力培养思路

根据胜任力冰山理论，胜任力包括外显胜任力和内隐胜任力，外显胜任力位于冰面之上，内隐胜任力则处于冰面以下，因此，针对变革阻力，在变革胜任力培养上也应区别对待，采取不同措施，分别培养外显胜任力与内隐胜任力，但最终要达到的目的是二者的真正融合。

组织变革时期，新生代知识型员工外显胜任力主要表现为支持组织变革的知识和技能，而人力资源管理分为招聘、培训、绩效管理和薪酬管理等模块，因此，可从变革胜任力配置、变革胜任力培训、变革胜任力绩效考核、变革胜任力薪酬管理等方面进行管理，培养新生代知识型员工有关组织变革的知识与技能。内隐胜任力相对于外显胜任力来说，其培养是艰难的、持久的，可以从塑造变革文化的角度来进行探讨。在外显胜任力与内隐胜任力培养过程中都需要时刻注意新生代知识型员工的个性特征与对变革的需求，最终使新生代知识型员工具备整体胜任力，胜任组织变革，如图 5 - 2 所示。

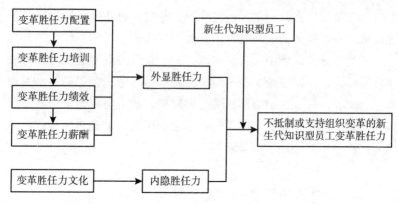

图 5 - 2　　新生代知识型员工变革胜任力培养思路

二、外显胜任力的培养

1. 选聘变革型新生代知识型员工

组织由两个或两个以上个体组成，而每个个体都有差异，甚至一个人在其发展的不同阶段也存在着差别。个体的差异性体现在多个方面，个性是非常重要的因素。个性是个体所具有的各种心理特征和倾向的较稳定的组合，包括：个性心理特征（能力、气质、性格）和个性倾向性（价值观、态度、需要、动机）两个方面。不同个性特征的人对待事物的看法不同，认知不同，表现出的行为就会有差异。

李作战（2007）构建组织变革中的员工支持模型，以中小民营企业员工为样本，进行实证研究后认为，变革期望是一个独立变量，主要通过与感知绩效之间的落差来影响变革支持度，因此不能忽视与员工个性气质相关的因素。也就是说员工的个性气质不同，对变革的支持度也会有所不同，从而给了我们一个全新视角——研究员工的个性气质来减少阻力推动变革。

组织变革时期，新生代知识型员工从整体上看比较容易接受新鲜事物，思维比较超前，也因为受益于良好教育，对组织变革有自身独特的观点，但并不是所有新生代知识型员工都会支持变革，也不是都支持每次变革。同时，一旦他们形成对变革的看法后，可能会比较执着。另外，他们阻碍变革可能源于变革与其个体需求、个体价值观不一致。

因此，针对新生代知识型员工，可以采取从源头选聘具备变革特质的员工，这样在后期配置以及开展变革时也会更加容易开展。尤其是在组织变革常态化的今天，员工的心理也应具备变革的常态化特征，虽是应对变革。具体可以采取人力资源测评技术，如卡特尔16因素人格测验、AB型人格测试、气质测试、工作价值观调查表和个人需要测试等测评技术已经非常成熟。

在组织变革面前，有些员工可能会选取沉默的态度。王东强、于洪卫（2009）深入分析员工沉默对组织变革的影响，他认为员工沉默可以带来一定的积极影响，可能是组织变革的征兆，员工沉默可以推动组织变革，员工沉默可以成为解决变革矛盾的润滑剂。员工沉默在一定程度上促进了组织变革。但我们并不提倡员工采取沉默的方式应对变革。新生代知识型员工更应该发挥自身专业优势，在变革中发出自己的声音，为变革献计献策。

2. 加强变革胜任力培训

员工抵制变革的原因有很多种，原因之一是组织变革会给员工带来压力，新生代知识型员工也不例外。组织的变革，无论是技术上的还是结构上的或是对人员的变革，都会涉及工作岗位的调整、工作内容的变化甚至更新，这让习惯于原有工作模式的员工无疑感受到巨大压力。而培训具有使员工改善知识结构、更新技能和转变态度的作用。在组织变革中，可以针对相应的压力源进行不同专题不同内容的培训。首先，组织变革需要改变原有技术，进行技术的更新换代等，可以进行专业的技术培训；其次，做自我管理专题培训，针对自我压力管理可以进行压力培训。由于新生代知识型员工大都生活在别人给予更多照顾的家庭中，走上工作岗位后更需要靠自身的打拼与努力，因此抗压力能力较弱，可以单独进行压力培训，增强他们自我管理压力的能力。而且，在当今纷繁复杂的时代，自我管理压力、管理情绪的能力更加重要。

3. 绩效考核中纳入相关考核指标

绩效考核是组织依照预先确定的标准和一定的考核程序，运用科学的考核方法，按照考核的内容和标准，对考核对象的工作能力、工作成绩进行定期或不定期的考核和评价。绩效考核指标的确定指引着员工的行为，员工会按照考核指标决定自身的努力方向。在组织变革时期，为了提高新生代知识型员工对变革的支持力度，可以对传统"德、能、勤、绩"的考核指标进行调整，纳入变革类相关指标，如对组织变革知识和技能的掌握、对组织变革的态度、支持组织变革的具体行为等来引导新生代知识型员工的行为。

4. 改变传统薪酬管理指标

绩效考核的结果与员工的薪酬密切相关，薪酬就是劳动报酬，是指组织对自己的员工为组织所付出的劳动的一种直接的回报（包括物质和精神两个方面）。与前面绩效考核指标相对应，可以在薪酬要素中增加支持变革子要素，这样做到相应标准就可以拿到相应报酬，也可以起到激励新生代知识型员工的作用。

5. 广义职业生涯管理

相比较物质报酬，新生代知识型员工更注重自身的职业发展问题，因此，组织变革过程中需要关注新生代知识型员工的职业生涯管理问题。

第一，设置合理晋升通道。在组织变革时期，如果涉及的是组织结构与部门的调整，组织必须考虑新生代知识型员工的职业生涯发展，设置合理的晋升通道，帮助他们进行职业生涯规划，而且该通道更应该是公平的、透明的、畅通的。

第二，横向发展方向。除了考虑职位晋升，横向发展也是未来提升自身能力的一种有效途径。在组织越来越扁平化的今天，组织可以为新生代知识型员工提供更多的横向发展路径，包括工作内容丰富化、工作更具挑战性等策略，这样的工作设计也更能满足新生代知识型员工对工作的需求，给他们提供广阔的成长空间。

第三，朝核心方向发展。著名组织行为学家埃·施恩提出朝核心方向发展的理念，这是一种进入职业或组织核心的运动，具体指员工经过一段时间的工作后，工作才能和技术熟练程度都有很大提高，逐渐得到组织中的老员工甚至高层管理者的信任和器重，虽然职位上没有什么变化，但可以获得更多有关组织的核心信息或参与组织的重要决策，对组织的影响力也很大。新生代知识型员工也可以考虑这种广义晋升方式。

第四，广义职业生涯理念。员工个体也会做职业计划，谋求个人价值的实现和增值，但并不局限在特定某个组织内部来实现，而组织做的职业生涯管理也应该尽量站在员工的角度，多为员工考虑，为员工做好职业生涯规划，而不是把员工的职业生涯发展限定在本组织之内进行。组织可以选择为员工随时提供生涯扩展，本组织内没有合适的机会，组织也要考虑员工在组织外的成长与发展。互联网时代给传统的终身雇佣制提出了巨大挑战，通用电气公司的第八位董事长杰克·韦尔奇被誉为"最受尊敬的CEO""全球第一的CEO"，他在任期间，就对雇员承诺，当公司不再保证提供终身雇佣时，公司承诺为雇员提供他们在其他组织找到一份工作所需的技能，这种雇佣的诠释使员工有了更稳定的保证。里德·霍夫曼等提出公司与人才之间应建立长期稳固联盟的人力资源变革模式，联盟的基础是公司帮助员工改变职业生涯，员工帮助公司改变自身并提高适应力，这种职业生涯管理理念值得我们深思与借鉴。

三、内隐胜任力的培养

内隐胜任力包括态度、价值观、动机和性格等因素，这些要素在冰山模型中处于冰面以下，不容易被观察到，但正是这些内隐要素会决定人的外在的行为，因此，在胜任力模型中具有重要作用。传统管理理论认为人的这些内在性格特征是不能被改变的，但现代管理理论认为，人格特征是可以调整和培养的，只是过程比较缓慢，从总体上看表现出一定的稳定性。但因为具有内隐性，内隐胜任力的培养与改变也必然是困难的、长期的，我们认为在组织变革时期可以通过塑造支持变革的文化，让新生代知识型员工参与变革全过程等来培养和强化内隐胜任力。

1. 塑造支持变革的文化

组织文化是组织长期形成的一种重要资产，反映了组织成员长期形成的共同的价值观、伦理规范等，是组织成员外在行为的基础。组织文化对员工的行为具有整合功能，组织文化可以使员工的行为、信念、习惯等于整个组织联系到一起，形成相对稳定的文化氛围，凝聚成无形合力，激发出员工的主观能动性，为组织目标而努力。同时，组织文化具有引导作用，组织成员必须遵守组织的硬性规章制度，但组织文化却是将组织价值理念不断向组织成员渗透，使员工可以自发的按照组织共同价值观行事，因此是一种软性约束员工行为的力量。

组织变革时期，减少变革阻力的一个方法就是塑造支持变革的文化，形成创新文化氛围，让变革与创新成为组织文化的主基调。有些员工害怕学习新知识、容易墨守成规，对新观念永远持消极排斥态度，阻碍变革。而创新型的组织文化可以对新生代知识型员工形成一种感召力，内在引导他们的价值观以及对变革的态度与行为，提高知识型员工的支持度。

2. 让知识型员工参与变革全过程

激励理论中马斯洛需要层次理论认为，人有五种需要：生理需要、安全需要、社交需要、尊重需要和自我实现需要，这五种需要由低到高呈现出一定的层次，生理需要和安全需要属于较低级需要；社交需要、尊重需要和自我实现需要属于较高级需要。不同群体、不同员工需要种类，或主导需要是有差别的。新生代知识型员工的主导需要为较高级需要，而未满足的主导需要会决定人的行为。因此，新生代知识型员工对变革的态度与行为也会由主导需要引发。新生代知识型员工尤其关注自身价值，希望得到上级、同事、组织乃至社会的认可，希望获得存在感。组织变革时期，可以让新生代知识型员工参与变革。参与是一种减少阻力的很好的方式。早在 1948 年，French 等就通过组织变革的试验证明让员工参与变革过程将会使变革中的阻力显著减少。曼斯（Manns，M. L.）、赖斯（Rising，L.）也认为解决阻力的一个有效办法是"所有权"。而新生代知识型员工又非常注重这方面的需要，因此，可以采取全程参与的方式减少他们对变革的阻力。

第一，在对变革的必要性与可行性问题上，让新生代知识型员工参与论证，使他们有发言权，他们因为掌握了较多的知识与技能，见识也比较广阔，在这方面管理者可以将组织的现状与未来定位以及组织外部环境对员工进行介绍。

第二，认识到变革的必要性后，需要让新生代知识型员工参与变革愿景的制定。组织的未来关乎每一个员工，清晰美好合理的变革愿景可以激发起员工的变革热情，从心理深处认可变革，支持变革。可让新生代知识型员工参与规划变革的未来蓝图，充分考虑他们的内在需求。

第三，参与变革计划制定。计划是用文字和指标等形式所表述的，在未来一定时期内组织以及组织内不同部门和不同成员，关于行动方向、内容和方式安排的管理文件。变革计划是变革的指导性文件，清晰的"5W2H"（做什么、为什么做、何时做、何地做、谁去做、如何做、费用如何安排）能够让未来执行计划有可靠的依据。再加上一个应变措施，可让组织有效应对变革环境的突发变化。让新生代知识型员工充分发挥个体才智，为组织变革建言献策，得到许多有利于变革的思路，更好编制变革计划。同时，个体参与制定的变革计划在执行过程中无疑也会减少不小阻力。

第四，变革计划执行过程参与。计划的执行就是卢因三阶段理论中的实际变革过程阶段，员工自然需要参与。这时主要是变革管理者在组织支持方面鼓励新生代知识型员工变革行为。

第五，变革结果反馈参与。变革效果如何，变革愿景有没有实现等都需要进行变革评价。管理者需要向新生代知识型员工反馈变革结果信息，一方面是对这次变革的总结改进；另一方面是对下次变革的指导。

新生代知识型员工拥有丰富的知识，可以更好地推进组织变革。因此，在组织变革的全过程中可以让知识型员工积极参与，达到员工与组织的双赢。

3. 发挥新生代知识型员工的"知识"资源优势

知识经济时代，知识是最宝贵的财富，拥有知识就拥有了改善产品或服务，提升竞争力的法宝。新生代知识型员工拥有这个时代最前沿的知识，组织变革时期，应该充分发挥他们的"知识"资源优势。首先，组织可以让知识型员工充分参与组织变革；其次，在组织内形成一种尊重知识、尊重人才的氛围；最后，构建知识共享机制，让知识从员工头脑中"溢出"，使大家进行充分的思想碰撞，产生灵感的火花，收获知识的丰厚回报。

基于胜任力视角探讨新生代知识型员工胜任力培养是在认可新生代知识型员工需求特性与工作特征的基础上进行的，但这些也都需要其他人力资源管理措施的良好保障，比如绩效考核的公平性、薪酬水平的竞争性等。对当前的新生代知识型员工来说，薪酬可能还是强大的激励力量。薪酬水平代表着工作地位及工作的价值水平，给员工提供着物质保障，因此，仍需注意新生代知识型员工的薪酬水平问题，要让其追求自我，实现自我，仍需一定的物质水平做基础。

　　总之，组织变革是组织必须面对的课题，新生代知识型员工带来的阻力也是客观存在的，我们可以借鉴胜任力模型，通过外显胜任力与内隐胜任力的培养，最终使新生代知识型员工具备变革胜任力，推进组织变革。

本 章 小 结

　　"变革阻力"的概念最早由 Lawrence. P. B 于 1954 年提出，认为阻力是"阻止组织脱离现状的力量"。组织变革中阻力来源于个体层面、群体层面和组织层面，需要深入分析其原因以减少变革阻力，推进组织变革。

　　在员工层面，新生代知识型员工是一个日益受到管理者和学者关注的群体。新生代知识型员工是指出生于 1980 年以后特别是 1990 年以后、受到系统大专以上学历教育的，利用知识工作，主要依靠脑力劳动工作，为组织创造价值的员工。新生代知识型员工大都受到过高等教育、富有创新精神、喜欢独立自主的工作方式，但工作过程难以监控、工作成果难以衡量，新生代知识型员工职业承诺高于组织承诺，具有较强的流动意愿，同时对压力的承受能力较弱、价值观呈现出多元化态势并且容易改变。

　　在组织变革时期的表现也不同于其他群体员工。第一，新生代知识型员工自我意识强烈，在组织变革时期同样不希望管理者对其采取硬性指派，如果管理者的态度强硬，那么他们就可能抵制变革；第二，新生代知识型员工对新事物接受能力较快，富有创新精神，对于变革，只要其变革愿景和自身目标一致，他们也会支持变革；第三，新生代员工对于精神激励更看重，更关注自身职业发展与自我价值实现；第四，新生代知识型员工面对组织变革带来的压力也可能会感受无所适从，对变革不利。因此，如果不能满足新生代知识型员工的需求，他们也会阻碍变革。

借鉴胜任力冰山理论，组织变革时期，新生代知识型员工外显胜任力主要表现为支持组织变革的知识和技能，而人力资源管理分为招聘、培训、绩效管理和薪酬管理等模块，因此可从变革胜任力配置、变革胜任力培训、变革胜任力绩效考核、变革胜任力薪酬管理等方面进行管理，培养新生代知识型员工有关组织变革的知识与技能。内隐胜任力相对于外显胜任力来说，其培养是艰难的、持久的，可以从塑造变革文化与让新生代知识型员工参与变革全过程的角度来进行探讨。通过这两方面的培养，最终使新生代知识型员工具备整体胜任力，胜任组织变革。

第六章

变革类型管理：渐进式与激进式变革中的人力资源管理

组织变革是组织调整自身适应外部环境的过程。在稳定的外部环境下，组织可能会逐步改变自身的结构或运作机制，但如果外部环境突然发生激烈动荡变化，或者组织想快速做出改变，那么就需要激烈快速调整，两种变革方式即为渐进式变革与激进式变革。变革方式不同，影响范围不同，持续时间不同，对人力资源的管理方式也应有很大程度的区别；同时，同为组织变革，在沟通渠道建设、员工参与氛围营造等方面也都有共性，本部分就对渐进式变革与激进式变革中的人力资源管理策略进行探讨，期待丰富变革类型管理的研究成果，并对实践中的人力资源管理提供一定的借鉴。

第一节 组织变革的类型：渐进式变革与激进式变革

在组织变革的理论介绍部分中，我们已经分析了组织变革可以分为渐进式变革与激进式变革。1972 年，葛雷纳（Larry E. Greiner）发表了著名的论文《组织成长过程中的演化与变革》，在该篇文章中，他把企业组织变革分为进化式的演变（Evolution）和剧烈式变革（Revolution）。Bartunek 和 Moch（1987）和 Cohen 和 Levinthal（1990）也认为按照变革的程度不同，可以将组织变革分为渐进式变革（incremental change）和激进式变革（radical change）。国内学者周三多教授认为，按照变革的程度与速度不同，可以分为渐进式变革和激进式变革，学者高天鹏（2010）认为，根据组织变革的程度不同，有两种性质的变革策略，即进化性的变革和革命性的变革。尽管不同学者定义的改革分类名称有所不同，如进化式的演变和剧烈式变革、渐进式变革和激进式变革、进化性变革和革命性变革；但其含义都是基本类似的，因此，我们选择其中一种称谓——渐进式变革和激进式变革进行分析。

一、渐进式变革

渐进式变革是指对现有组织设计的逐步完善和改进，这些改进仍然维持组织的总体平衡，往往只影响到组织的一部分（理查德·L. 达夫特），国内学者高天鹏认为渐进式变革是在组织的现有价值观基本稳定的前提下，逐步对组织的结构、人员和文化等组织构成要素进行渐变的持续改进的过程（高天鹏，2010）。因此，渐进式变革并不改变组织的基本框架。

任何一次变革都是组织进行环境分析，感受到内外部环境的压力下才进行变革的，渐进式变革也不例外。外部环境发生变化时，组织需要适应环境的变化，但组织内部的结构、技术、文化等因素都具有内在的稳定性，组织处于一个平衡状态，因此，这些因素都会降低组织的灵活性，成为组织变革的阻力。组织变革就需要打破平衡，需要平衡组织的稳定性与变革需要。渐进式变革往往做出的是逐步调整，可以从一定程度上让组织"持续适应"，让员工渐渐习惯。

渐进式变革主要包括微调（fine-tuning）和增量调整（incremental adjustment）两种模式（Dunphy、Stace，1993）。微调指持续不断的匹配组织战略、流程、人员和结构的过程（Senior，2002）。微调往往不会发生在组织整体层面上，大都在部门层面进行，目的大都是在现有组织战略、结构框架下，组织部门人员适应现有的运作机制，而不是调整整体框架。在逐渐适应、认同组织框架的基础上，部门人员需要的是持续改进，以实现部门目标和组织目标。第二种增量调整，是对管理过程和组织战略的显著修正，是一种持续累加，但是不包含激进的改变根据（Senior，2002）。这种增量调整相比于激进式变革，时间比较充裕，员工和组织能更好进行变革，作出调整。

渐进式变革对组织成员的影响较小，同时也可能是小范围的变革，进度容易控制，阻力相对较小，比较容易实施，因此企业通常选择这种形式的变革，以求顺利推进变革，实现变革目标。但是渐进式变革往往发生在部门层面，部门内部或部门整体的变化并不能增强部门之间的合作以及组织整体上的快速提高；同时，因为是渐进式的变化，变革进程缓慢，员工很难看到变革的阶段性成果，中期成果的激励作用大打折扣，员工有可能会懈怠组织变革，支持力度降低。

二、激进式变革

激进式变革是指为组织引入完全不同的理念，它打破了组织原有的基本运行规则，使整个组织发生巨大的变化（理查德·L. 达夫特）。激进式变革是对组织进行大范围的迅速的变革，是革命性的变革，主要影响组织的框架，组织转型时期的变革大多属于此种类型。转型变革（transformational change）包括模块化转型（modular transformation）和企业转型（corporate transformation）两种类型（Dunphy & Stace，1993）。模块化转型是组织的一部分，如某职能部门转变，定位调整等；企业整体转型则是企业整体、整个组织进行的调整。同时，虽然模块化转型针对的是部门，但与渐进式变革还是有本质上的不同，模块化变革是部门的激烈变化，而渐进式变革是部门的缓慢持续变化。

从变革的实践阶段上来看，激进式变革持续时间不长，对组织的要素，如人员、结构或技术等采取的是大刀阔斧的变革措施。大幅度结构调整会让员工觉得组织不够稳定，战略调整带来的大量裁员也会让员工感觉缺乏保障，给在职员工也会带来很大的挫败感，降低员工士气与积极性，因此，激进式变革可能会带来更多的阻力，风险也会比较大，对整体的转型意味着组织决意与过去不同，因此成败在此一举，而且是组织面临较大危机等情况时才选择激进式变革。

三、渐进式变革与激进式变革的区别

如前所述，渐进式变革与激进式变革从性质上看是有很大不同的，在变革目标、影响范围、持续时间、变革结果、参与人员等方面也存在着很多区别，如表6–1所示。

表6–1　　　　　　　渐进式变革与激进式变革的主要区别

	渐进式变革	激进式变革
变革目标	追求长期、稳健效果	追求短期、快速效果
影响范围	主要在部门及个人层面	主要在组织整体层面
持续时间	较长、持续改进	较短、快速调整
变革结果	加强现有资源	培育新资源
结构保障	分权结构	集权结构
参与人员	可能包括所有人员	可能只包括部分人员，甚至只有高层管理者

资料来源：作者根据相关资料整理。

1. 变革目标

组织变革的目的是提高组织的环境适应能力，包括组织层面、部门层面和员工层面三个层面的环境适应性，但从两种变革方式的具体目标来看，渐进式变革追求的是长期、稳定、持续的变革效果，激进式变革意在以快速方式调整组织框架。

2. 影响范围

渐进式变革是局部的微小调整，影响范围较小，主要在部门及个人层面；激进式变革则会影响整个组织的框架，涉及整体战略定位、转型调整等问题，关乎组织整体的未来发展方向。

3. 持续时间

渐进式变革侧重逐渐持续改进，可能贯穿组织生存与发展的始终，变革步伐从未停止；激进式变革涉及组织转型发展问题，就变革进程来说，执行过程短暂，但变革前准备及变革后"消化吸收"则需要较长时期。

4. 变革结果

从主要变革实施结果来看，渐进式变革是在组织现有基础上进行调整，可以改善现有的资源状况，增强现有资源的优势；而激进式变革是对现有的状况作彻底改变，必须培育新资源，建立新的优势。樊纲认为，渐进式改革是一种增量改革，而激进式改革是一种存量改革。

5. 结构保障

变革过程的执行需要一定的结构保障，结构表明了组织的集分权程度，集权指决策权在较高层次上的集中，分权指决策权在较低层次的分散，渐进式变革主要在部门及个人层面，进行小范围调整，组织需要将权力重心下移，给予下级一定权力，分权化程度高，才能保证相应人员可以开展变革。激进式变革是对组织整体的调整，主要涉及高管人员，要做出快速调整，需要职权的保障，否则很难推进，因此，需要集权化的结构。

6. 参与人员

渐进式变革是逐步地将变革往前推进，参与人员包括范围较广；激进式变革可能是高管推动的战略转型，参与人员较少。

7. 适用范围

不同学者对渐进式变革与激进式变革的态度也是有所差别的。高天鹏（2010）基于管理熵构建了组织变革模型。他认为，进行熵交换的外界输入能量要足够大，也就是变革要有足够力度，渐进式变革力量太过温柔，需要大破大立的BPR（业务流程重组）一类的激进式变革才能抵消组织运作过程中熵值不断增加的状态。黄旭、程林林（2004）认为在欧美大公司，管理者们似乎更青睐激进式变革。陈建林（2012）以宗申集团与黄河集团两个上市家族企业管理模式变革为例进行分析，研究结论认为，采用"渐进式"的变革方式有利于家族企业顺利转变管理模式，比"激进式"的变革方式更为稳妥。曼斯（Manns, M. L.）和赖斯（Rising, L.）认为管理变革可以采用一个小组模式，其中包含四个阶段：投石问路、回顾时间（或反省时间）、小有成绩和按部就班（循序渐进），而"一次性采用新事物的风险是你的努力可能让项目成员望而生畏"，可以看出他们比较推崇渐进式的变革理念。

还有学者则采用权变观点，认为应区分不同情况采取不同变革方式。汉德·菲尔德（Handfield, 1995）从技术角度选择变革方式，新技术对应渐变方法可能效果好，已有技术则对应突破性变革方法；黄旭、程林林（2004）认为应该根据组织内外部环境情况来选择：在经营状况不好、市场迅速变化、技术需要重大调整的情况下应该进行激进式变革；在经营运作比较良好的情况下，应该进行渐进式变革；赵普（2007）引入组织知识的概念，认为可根据组织知识的连续性和突变性情况的特征，选择变革方式。连续性的组织知识对应的是渐进式管理模式变革，突变性的组织知识对应激进式管理模式变革。同时，在变革路径上，还可选择"结构性变革"和

"模块化变革"。

　　需要说明的是，伊恩·帕尔默、理查德·邓福德和吉布·埃金认为，在将变革区分为渐进式变革和激进式变革两种类型时必须"小心谨慎"；葛雷纳认为，在企业组织成长过程中，演变与变革总是交替进行的，每个演变时期都创造了自己的变革；而企业组织的管理部门为每一个变革阶段所提出的解决方案决定了一个演变阶段。因此，严格区分渐进式变革与激进式变革的思路可能需要调整，在激进式变革中有可能渐进式变革交叉进行。

第二节　对不同类型变革中的人力资源管理的相关研究

　　变革的类型不同，变革的管理策略也应有所区别，人力资源管理亦应如此。当前的研究探讨不同变革类型的人力资源管理策略的文献比较稀少，针对战略、结构和技术变革中的人力资源管理探讨的学者有蔡翔、冯美珊、王若军等；针对渐进式与激进式变革中的人力资源管理探讨的有柯健、裴亮亮、陈建林等。

一、对战略、结构、技术等变革中人力资源管理的研究

　　蔡翔、冯美珊（2010）探讨了战略、结构和技术等变革中人力资源管理部门的相应策略，他们认为，在战略变革中应该评估人力资源状况，均衡配置各种权力，并创建与战略目标相一致的组织文化；在结构变革中应该做出合理规划，建立良好运作机制，引领变革方向；在人员变革中应该配合高层选聘优秀人才、合理配置人才以及合理解决变革裁员问题；在文化变革中的人力资源管理部门应培育一种适合变革发生、传播和扩散的氛围，同时利用激励、晋升

等人力资源管理制度进行变革文化的传播，通过塑造一个共同的变革愿景，引导员工向组织目标前进。王若军也得到类似结论，在组织变革中人力资源管理必须起到良好的支持性作用，具体包括战略变革中发挥人力资源配置作用；结构变革中发挥人力资源的规划与引领功能；人员更新中人力资源管理要做好选拔与淘汰工作；文化变革中要发挥人力资源管理部门的调整规范作用。在组织变革中，人力资源管理工作非常重要，要主动设计、主动参与变革，充分发挥主动性、能动性作用，才能与其他部门协同发展，共同推进组织变革。

二、对渐进式变革与激进式变革中人力资源管理的研究

柯健、裴亮亮（2006）认为在渐进式变革中应努力培养组织的精神领袖，通过发挥其卓越的人格魅力和优良的业绩带动作用来减少变革阻力，变革的核心要素是文化，倡导应该通过文化力来推动变革。而在激进式变革中可引入变革代言人即咨询顾问来减少内部员工对变革的种种疑虑，变革的核心要素是激励手段。

陈建林（2012）以宗申集团与黄河集团两个上市家族企业管理模式变革为例，研究结论认为：在由家族管理模式转变为专业管理模式的渐进式变革中，需要公司治理机制和人力资源薪酬机制的配合，具体包括在完善治理结构方面，可以引入战略投资者和机构投资者，引入专业管理团队；在薪酬分配机制方面，应该适当向职业经理人倾斜，有利于激励职业经理人，从而有助于降低家族企业的代理成本。

综上所述，针对不同类型的变革，探讨相应的人力资源管理策略的研究从数量上看并不多，从程度上看也不太深入，尤其是对于渐进式变革与激进式变革相应的人力资源管理策略更匮乏，因此从组织变革类型角度进行研究对于如何通过人力资源管理手段有效实

施组织变革具有重要意义。我们也曾通过探讨对"组织变革中的人力资源管理"进行的相关国内研究得出结论，认为今后的研究方向可以针对不同类型变革探讨其人力资源管理工作。

第三节 渐进式变革与激进式变革中的人力资源管理不同策略

前已述及，渐进式变革与激进式变革作为两种基本的组织变革类型，区别表现在很多方面，因此相应的人力资源管理策略也应有很大的不同，而并不只是度的不同。高天鹏（2010）认为，两种变革方式基本性质的差别从根本上决定了不同变革方式应采取的人力资源管理的总体策略和方法。

一、渐进式变革中的人力资源管理策略

渐进式变革因为是对组织作出的逐步改革，变革阻力相对较小，因此受到组织的青睐。在组织中：渐进式变革大量存在，包括改变职位数量与职责、改变某一具体操作技术、改变人员的某些行为等，这些针对部门的改变组织在运作过程中似乎显得得心应手，但也有很多不能达到预期目的的变革。总体而言，渐进式变革不能操之过急，其人力资源管理也不宜采用大刀阔斧的改革措施。纵观很多组织变革失败的案例，从深层次上看其原因都是组织文化不支撑组织变革，或与组织变革不一致，或组织文化内在的整合功能与导向功能未能充分体现出来，所以针对渐进式变革可以采取逐步变革组织文化，将文化塑造为支持变革的文化上来，塑造组织变革氛围，使文化的渗透作用增大，具体可在人力资源管理模块中贯彻这一变革策略以促进渐进式变革的成功。具体如图6-1所示。

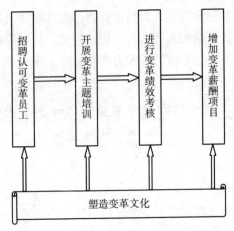

图6-1　渐进式变革中的人力资源管理策略

1. 人力资源战略中将变革文化融合

人力资源战略是科学地分析预测组织在未来环境变化中人力资源的供给与需求状况，制定必要的人力资源获取、利用、保持和开发策略，确保组织在需要的时间和需要的岗位上，对人力资源在数量上和质量上的需求，使组织和个人获得不断发展与利益，是企业发展战略的重要组成部分。

激烈的企业竞争中，人力资源是企业的核心资源，人力资源战略处于企业战略的重要地位。在渐进式变革中，应该将变革文化上升到战略高度，在战略层面规划变革文化的塑造与提升，这样在后期组织变革执行过程中员工就有了共同的信念支撑，就有了共同愿景、信念支持，更利于组织变革的推进。同时，组织的文化氛围中鼓励变革与创新，员工也会不再拘泥于既有习惯与传统，而是大胆参与组织变革。

组织文化对员工具有重大的无形影响，组织可以通过塑造支持变革的文化来减少员工对变革的阻力，提高员工的支持度。具体步骤为确立变革价值观—员工认同—巩固—在变革中逐渐强化等环节，这样在实际变革中就能发挥文化的引导与整合功能。

第一，确立变革价值观。组织的价值观是组织内部管理层和全体员工对组织的生产、经营、服务等活动以及指导这些活动的一般看法或基本观点，是组织文化构成要素中的核心部分，为组织成员提供共同的价值准则和判断是非的标准。在变革时代，组织需要确立具有变革理念的变革价值观。

第二，增强员工认同感。利用媒体宣传变革价值观的内容、通过榜样力量引领其他员工、加强员工价值观专题培训等都是增强员工认同感的很好对策。

第三，巩固变革价值观，在员工认同的基础上通过各项运行机制来巩固变革价值观的地位以及在员工心目中的位置，包括奖惩制度、领导者垂范作用等的发挥。

第四，在变革中逐渐强化，随着组织变革进程的逐步推进，变革价值观也逐渐根深蒂固，深深印刻在员工头脑中，并不断发展与提高。

如果员工被强烈认同的组织文化吸引住，那么对组织的忠诚感就会增强，幸福感也会增强，会更倾向于支持变革。

2. 招聘认可变革的员工

渐进式变革是长期的、持久的变革，需要员工做好长期变革的心理准备，因此，如果员工自身是不安于现状、喜欢改变，具有大局意识的人，那么在缓慢的渐进式变革中，就会更易于接受变革、认可变革，这样相比于后期的人力资源管理中改变员工对变革的态度更容易推进渐进式变革，后面的许多微小变革就会容易得到员工的认可，甚至支持。里德·霍夫曼等认为，一致的价值观和目标将增加公司与人才之间维持长期稳固联盟的概率。所以，可以在招聘环节中利用人格性向测验等方法招聘易于认可变革的员工。或者，如果组织要在某一部门开展渐进式变革，那么可以通过组织的人力资源数据库或人力资源调查的方式了解员工的性格特征，将具备变

革特制的员工调整到需要变革的部门，这样在这一部门变革的进展
更快。

这一步骤与基于胜任力的人力资源招聘模式基本一致。在招聘
中通过人格测验，了解一个人人格的某一方面，再结合其他指标来
考虑他适合担任哪些工作。

3. 逐步树立变革意识

渐进式变革的好处之一在于它是逐步进行的，变革领导者有
充足的时间做变革准备工作。变革时刻存在或呈现出一定的阶段
性，这样可以让员工更习惯于变革的状态，增强变革意识。比如
将组织的某些规章管理制度进行阶段性的调整，每个季度作以调
整，使员工适应变革的节奏，树立变革的意识。在需要进行流程
重组或再造等大范围的改革之前，在部门内部或某些职位之间适
当地提前进行一些工作职责与流程上的改变，一方面可以提前观
察某些流程变革的可行性与效果；另一方面也让员工逐步接受变
革，将变革意识深深植根于脑海中，反映到行为上的接受变革与
支持变革上。

4. 培训课程加入变革内容

渐进式变革是持续不断的，培训也应连续或定期举办。培训是
当员工非常关注的一项人力资源管理活动，组织进行培训，不仅可
以使员工提高知识和技能水平，也可以使组织获得长远的利益，尤
其是知识型员工习惯追求对各类知识的探索，追求高层次的自我超
越和自我完善，因此渐进式变革过程中，可在培训课程中开设变革
课程，如企业变革理论，让员工了解组织变革是什么、会经历哪些
过程与阶段、有什么动力与阻力以及如何克服变革阻力等。在大的
组织变革理论框架体系下，本组织的现实情况如何，如何应用变革
理论知识等。员工经常接受这样的课程，就会潜移默化地认可组织
变革。这种方式也正好与组织的渐进式变革思路相契合，可以持续
不断地进行。

5. 绩效考核中纳入变革标准

渐进式变革对员工的影响是长期的，因此，通过设定变革绩效指标可以起到长期引导员工行为的作用，以促进组织变革。可以利用绩效考核指标的导向性作用，在考核指标中加入一类指标"鼓励变革行为"，具体可包括提出变革建议、积极参与变革等细化指标，这样员工可以在自身的日常行为规范中注意关注变革、参与变革甚至支持变革。而渐进式变革就是要缓慢地、逐步地推进，因此，员工可以逐步改变调整自身的行为，逐渐理解变革的目的和意义，缓慢参与也不失为一种推进变革的方法。

6. 薪酬设计中奖励变革支持者

绩效考核结果应该与薪酬水平相联系，这样绩效考核指标的设置才能起到引导员工行为的作用，否则，激发不出员工的任何积极性。可见，在绩效考核中设立变革指标，那么薪酬体系中也与之对应，设置变革薪酬，及时对鼓励支持变革的员工与部门进行奖励表彰，在组织内部形成鼓励创新、鼓励变革的文化氛围。这样，也可以逐渐形成鼓励变革的文化，在渐进式变革中通过文化塑造来推进变革，形成组织变革的良好循环。

7. 将持续改进理念贯彻到渐进式变革中

渐进式变革追求的是小范围的逐步提高，在变革进程中将持续改进理念贯穿其中会收到更好的效果。而持续改进的思想可以借鉴PDCA 管理循环模式。

PDCA 管理循环，最先是由休哈特博士提出来的，由戴明把PDCA 循环发扬光大，并且用到质量领域，故称为质量环或戴明环。

P（PLAN，计划）：明确问题并对可能的原因及解决方案进行假设。

D（DO，实施）：实施行动计划。

C（CHECK，检查）：评估行动结果。

A（ACT，处理）：如果对结果不满意就返回到计划阶段，或者如果对结果满意就对解决方案进行标准化。

PDCA 循环最初用于质量管理中，是全面质量管理体系运转的基本方法，质量计划的制订和组织实现的过程，就是按照 PD-CA 循环，不停顿地周而复始地运转。我们在渐进式变革过程中，也可以借鉴该思路，进行变革管理。第一，将渐进式变革阶段划分为变革计划、变革实施、变革评估和变革反馈四个阶段；第二，关键是要持续不断。渐进式变革也是一个循环，组织所处的外部环境及企业内部的环境时刻在变，变革也不能停止脚步，时刻需要做出改变。将此理念贯穿组织日常经营过程中，一是可以让组织做出改变；二是可以给员工灌输一种变革文化，让员工习惯变革、习惯创新。

二、激进式变革中的人力资源管理策略

相对于渐进式变革，激进式变革本身涉及范围广，变革方式比较激烈，组织成员可能会更加难以接受这种大范围、大幅度的调整，不认可变革，甚至阻碍变革，从个体、群体和组织三个层面都会产生阻力，而变革管理者认识到，组织的内外部环境都要求组织进行变革，变革的压力也很大，因此，需要增强变革的动力支持，减少变革的阻力障碍，激进式变革中人力资源管理的重点应放在变革阻力的克服上，即运用一系列人力资源管理措施克服阻力，增强变革的拉力支持。

1. 引入外脑引领变革

对激进式变革，如果组织没有提前做好各项变革准备工作，变革失败的可能性会更高。要想将激进式变革向前推进，短时间内招聘具备变革特质的员工几乎没有可能，而同时变革成败关键因素中，变革领导者的作用非常重要。如果没有一个让员工充分信任，相信其具备变革能力的领导引领激进式变革，变革很难推进。变革

领导者自身必须具备优秀的变革领导能力。在具备变革能力的前提下，如果员工能够心悦诚服地追随其进行变革，变革才有可能取得胜利。变革领导者有两种来源，组织内部和组织外部。如果组织要进行的是激进式变革，从外部引入变革领导者，员工认可的可能性比较大，起码不会有太强的抵触情绪。而且，外部来源的变革领导者在实际开展变革时顾虑因素较少，不会受到组织内太多利益纠葛的影响，可以放开手脚，大胆推进变革。因此，在激进式变革中，可以引入外脑引领变革。

2. 加强心理引导，缓解变革压力

激烈的竞争环境下，员工面临着越来越大的压力，激进式变革相比于渐进式变革可能会是一个更大的压力源。"组织若能够采用让员工感到有'面子'、有'情义'的内部管理减压措施，可能会对知识型员工带来事半功倍的激励效果"。缓解压力的方式有很多，除了员工自身通过体育锻炼、寻求非正式组织中的温暖等方式减压外，组织必须建立整体的员工压力缓解机制，加强心理引导是一个很可行的措施。组织可以借鉴 Lewin（1951）提出的包含解冻、变革、再冻结等三个步骤的有计划组织变革模型来进行心理引导。在激进式变革前进行充分动员，让员工认识到变革的必要性，说明变革可能对员工带来的影响，引导员工更新观念，提高变革热情，创造一种开放的氛围和心理上的安全感，减少变革的心理障碍，提高变革成功的信心。在激进式变革过程中可以建立信息中心，随时通报变革进程，让员工明确变革过程，建立心理咨询室，接受员工咨询，建立情绪调整室，在一定程度上由员工发泄心中的不悦。变革行为结束后，采取手段对员工的心理状态进行巩固和强化。

3. 注意变革的时机

变革要选择好时机，激进式变革尤其如此，否则在激进式变革一开始可能都没有办法进行，必须选择好合适的机会开展激进

式变革。如果管理者对重大环境变化敏感，能够及时敏锐预测到组织未来可能面临的危机，就可以提前进行必要的重大变革，如战略调整。如果危机已经来临，组织到了生死存亡时刻，再不进行剧烈的根本性的调整组织将走向倒闭和破产命运，这种时机进行变革，组织往往会付出非常大的代价。还有一种中间状态，那就是组织已经感觉到一定的危机，但已经为稍迟变革付出一定的绩效代价。因此，管理者选取激进式变革的时机需要非凡的概念技能、需要团队的整体运作能力，这样才能选择好合适机会，执行激进式变革。

4. 做好人力资源解聘管理

激进式变革通常会涉及兼并、收购、合并部门、缩减部门、关闭店面、进行人力资源结构性调整等，对员工来说则会面临大规模裁员，裁员对员工来说可能就是最巨大的变革。2015 年 7 月，微软宣布将对手机硬件业务进行重组，裁员最多 7800 人，约占其员工总数的 7%。8 月，微软证实将关闭位于芬兰萨罗的前诺基亚手机产品开发部门，并展开最多 2300 人的裁员。8 月，联想集团在公布财报的同时，宣布将在全球范围内减少约 3200 名非生产制造员工，占公司非生产制造类员工的 10%，占全球 6 万名员工总数的约 5%。大量的裁员计划会让员工感到恐慌。

裁员管理是人力资源管理活动中的一个组成部分，但通常未引起变革管理者的重视，认为解聘的员工已与组织无关，采取漠然的态度对待，导致被裁员工可能没有后期保障，心理上也对原组织没有丝毫感情，而更有甚者对簿公堂。同时，这种裁员管理方式也让在职员工感到心凉，影响工作中的情绪，影响对组织变革的支持度。因此，需要做好员工解聘管理工作，制定好解聘的周密配套计划，做好沟通管理工作，选择合适的时机，做好人员安置与补偿、培训等帮助工作。

首先，对裁减对象的确定要谨慎。绩效管理体系的客观、公正、透明是其有力的保障。组织应该通过合理的绩效评价体系确定裁员对象。其次，人力资源是组织的最重要资源，这一理念也要贯彻到员工解聘管理活动中。实施裁员活动时，要与被裁减人员做充分的沟通工作，得到他们的理解。同时，做好被裁减人员的培训工作，让他们有相对充足的知识和技能应对今后重新寻找合适工作的挑战，"帮助他选择正确的下一步是你的工作"。这样，一方面被裁减人员还可以感受到组织的温暖；另一方面这种做法也给在职人员传递一种理念，那就是组织非常重视人力资源，将人力资源放在首位的思想，也会从一定程度上影响在职员工的态度与行为，让他们更理解组织变革，表现出更多的支持变革行为。

5. 分阶段实施，让员工有相互学习的机会

激进式变革涉及范围较广，变革难度较大，组织可以分步骤、分阶段来实施。达维尼认为，在易变的环境中，通过一系列小步骤——小步骤、多步骤、同步变革和一体化①来获得竞争优势很关键。

例如，企业资源计划（ERP）的实施就是一项大工程。20世纪90年代，美国著名咨询公司 Garner Group Inc 在总结 MRP Ⅱ 的基础上提出了一种全面企业管理模式——企业资源计划。概括地说，ERP 是建立在信息技术基础上，利用现代企业的先进管理思想，全面地集成了企业所有资源信息，为企业提供决策、计划、控制与经营业绩评估的全方位和系统化的管理平台。

ERP 把客户需求和企业内部的制造活动以及供应商的制造资源整合在一起形成了一个完整的供应链并对供应链上所有环节，如订单、采购、库存、计划、生产制造、质量控制、运输、分销、服务与维修、财务管理、人力资源管理、项目管理等进行有效的管理。ERP 系统的主要功能模块包括财务子系统（会计核算模块、财务管

---

① 重大变革中的一体化是指"将同时发生的变革整合到一起的能力"。

理模块）、成本管理子系统、生产计划与控制子系统、市场销售子系统、采购管理子系统、库存管理子系统、人力资源子系统、设备管理子系统、质量管理子系统。组织可以先实施其中某一个或某几个模块，效果满意后再逐渐设施其他变革。

再如另一项比较激进式的变革措施业务流程重组。

业务流程重组（business process reengineering，BPR），最早在1990 年由美国前 MIT 教授 Michael Hammer 在《Reengineering Work：Don't Automate，But Obliterate》一文中提出，后来 Michael Hammer 与 CSC Index 的首席执行官 James Champy 于 1993 年发表了《公司重组：企业革命的宣言》，哈默和钱皮认为，"业务流程重组就是对企业的业务流程（process）进行根本性（fundamental）再思考和彻底性（radical）再设计，从而获得在成本、质量、服务和速度等方面业绩的巨大的（dramatic）改善。"此后，BPR 作为一种新的管理思想，像一股风潮席卷了整个美国和其他工业化国家，并大有风靡世界之势。美国的一些大公司，如 IBM、科达、通用汽车、福特汽车等纷纷推行 BPR，试图利用它发展壮大自己，实践证明，这些大企业实施 BPR 以后，取得了巨大成功。

但在实施业务流程重组时，必须注意不能全面出击，要有选择的重组流程，要考虑以下因素：该流程是否已经成为企业发展的"瓶颈"？该流程重组后能否解决企业面临的危机？该流程重组成功的概率有多大？该流程重组失败的后果有多严重？组织可以选取某一部门的流程先行试点再逐步实施。

第四节　渐进式变革与激进式变革中的
人力资源管理共性策略

如前所述，我们探讨了渐进式变革与激进式变革中相互区别的人力资源管理策略，但同为变革，共性策略必不可少，它们都需要组织的良好运作平台，包括充分参与机制的建立、沟通渠道的建设以及变革型组织的建立等。

一、员工充分参与变革全过程

在变革的相关理论研究中，员工参与是专家学者一致的观点。不管哪种类型的变革，员工参与，会让员工觉得自己不是局外人，不是听任指使、受人控制的，就能减少抵触情绪，甚至更容易支持变革。现在的员工一般来说不习惯于受指挥、操纵和控制，他们往往追求较强的自主性，因此可以在变革前、变革中及变革后，都让员工参与其中，这无疑会增加变革策略，加快变革进程，提高变革成功率，增强变革效果。

参与机制的建立，首先需要变革领导者转变理念，变革不是高层订计划、下级执行的简单过程，由上至下的变革策略容易引起员工的反感，员工有必要参与其中。同时，员工的潜力无限，集体的智慧胜过个人，员工的主动性发挥对变革意义重大。其次，变革结构让员工有参与的渠道。在结构建设、权力配置及管理模式中建立相应的参与渠道，保障员工有参与的可能。

二、畅通沟通渠道

在变革中尤其是激进式变革中，员工的情绪波动会比较大，组织的冲突也会比较激烈，需要上下级之间很好的沟通来解决激进式变革带来的问题。因为沟通可以把许多独立的个人、群体联系起来，组织起来，形成一个整体，有利于形成良好的变革氛围，统一组织成员的思想和行动，沟通也可以降低或缓解激进式变革中员工压力的影响。组织应该提供多种沟通渠道，如正式渠道和非正式渠道两种。由于非正式沟通不受规定或形式的限制，有时比正式沟通还要重要。在许多情况下，来自非正式沟通的信息更容易获得接收者的重视。因为这种形式以口头方式传递为主，不留证据，不负责任，一些不便在正式渠道中沟通的信息却可能在非正式沟通渠道中传递。因此，在一定程度内，非正式沟通对正式沟通起补充和配合作用。

同时要采用多种沟通方式，如书面沟通、口头沟通和网络沟通。书面沟通是以文字为媒介的信息沟通。口头沟通是以语言为媒介的信息沟通。信息技术的发展，使人与人之间的联系更紧密，变革管理者应该充分利用网络技术进行有关变革信息的方便快捷的沟通。

三、建立变革型组织

在激烈的竞争环境中，组织必须进行变革，而每次变革，无论是渐进式变革还是激进式变革，都会遇到或大或小的阻力，组织在变革过程中往往很大一部分精力耗费在了减少阻力上。与其每次变革都如此困难，不如组织在适当的时机建立变革型组织，将组织本身就建立成相对稳定但主题是变革的组织上来，这样在时时刻刻的变革中，员工也就不会感受到那么大的压力，阻力也会相应减少，而对组织来说，也更能应对内外部环境的变化，跟上时代的步伐。组织可以从组织结构、运行机制包括人力资源管理等方面都实行动态化管理等措施来逐步建立变革型组织。

区别变革类型进行相应的人力资源管理准备工作会在很大程度上取决于对环境的把握、对变革类型的判断及组织的人力资源管理功能。同时，在前面的研究中，我们大都从定性角度去判断两种变革及其相应的人力资源管理策略，定量研究偏少，因此，今后可采用定量研究方法，建立相应模型，探讨不同变革中人力资源管理策略的异同，以弥补单纯定性研究的不足。

总之，无论是渐进式变革还是激进式变革，组织的目的都是为了适应环境，塑造持久的竞争优势，而人力资源管理的最终目的是让员工发挥出最大的潜力，组织得到最大的效益，在两种类型的变革中，人力资源管理工作必须与之相配套，才能推进组织变革的成功实施，实现员工与组织的双赢。

本 章 小 结

组织变革可按照程度与速度的不同分为渐进式变革与激进式变革。两种方式的变革在变革目标、影响范围、持续时间、变革结果等方面都存在着诸多不同。

渐进式变革是在组织的现有价值观基本稳定的前提下，逐步对组织的结构、人员和文化等组织构成要素进行渐变的持续改进的过程；激进式变革是对组织进行大范围的迅速的变革，为组织引入完全不同的理念，是革命性的变革，主要会影响组织的框架，组织转型时期的变革大多属于此种类型。

渐进式变革与激进式变革作为两种基本的组织变革类型，相应的人力资源管理策略也应有很大的不同，而并不只是度的不同。渐进式变革因为是对组织作出的逐步改革，变革阻力相对较小，其人力资源管理也不宜采用大刀阔斧的改革措施。针对渐进式变革可以采取逐步变革组织文化，将文化塑造为支持变革的文化上来，塑造组织变革氛围，使文化的渗透作用更大，具体可在人力资源管理模块中贯彻这一变革策略以促进渐进式变革的成功。相对于渐进式变革，激进式变革本身涉及范围广，变革方式比较激烈，需要增强变革的动力支持，减少变革的阻力障碍，激进式变革中人力资源管理的重点应放在变革阻力的克服上，即运用一系列人力资源管理措施克服阻力，增强变革的拉力支持。具体包括：引入外脑引领变革、加强心理引导、注意变革的时机、做好人力资源解聘工作等措施。然而同为变革，渐进式变革与激进式变革都需要注意变革的共性问题，需要让员工充分参与变革全过程、畅通沟通渠道、建立变革型组织等的配合。

第七章

变革反应管理：
员工视角的确立

第一节　员工变革反应管理视角的确立

一、变革管理：理论界和实践界的共同热点问题

组织管理理论界和企业管理实践界一个共同关注的问题即是变革管理。

在管理理论中权变理论曾经盛极一时，它带给我们的思想大挑战即是没有最好，只有适合，要随时随地而变。而现实经济环境中经济全球化时代的到来，国家经济结构的调整，消费者需求个性化的张扬等等的出现，都促使企业不得不"战战兢兢，如履薄冰"地时刻进行变革以求得生存与发展。组织变革已然成为企业的常态化行为。

经过 60 多年的研究，有关组织变革的理论也非常丰富，主要集中在组织变革的含义与类型、组织变革中动力与阻力的研究、如何有效克服组织变革阻力等方面，这些宏观视角的研究成果为组织

变革提供多元的推进思路。同时，对组织变革的研究更多是从变革管理者尤其是高层战略管理者的角度探寻如何发起组织变革并克服变革阻力、推进组织变革。

二、变革管理：员工个体视角的确立

理论界的研究成果十分丰富，但"'实践相关性'严重不足"（高静美、陈甫，2013），仍然难以改变组织变革失败率居高不下的现实（朱其权、龙立荣，2011）。同时，与环境和谐相处的组织也会主动进行变革，"外生视角"无法解释，传统组织变革研究过于重视环境，对内部员工个体行为关注不够（王玉峰，2013）。个体层面的因素才是影响组织变革能否成功的关键（林忠、郑世林、夏福斌、孟德芳，2016）。Daft（1994）认为，组织变革过程中最关键的是员工个体态度和行为的变化。Micheal（2000）认为，任何组织层次的变革假使忽略了个人变革都不可能取得成功。因此，对于组织变革的研究，理论视角需要调整。近几年，越来越多的专家学者开始对除高层管理者以外的其他管理者和员工对变革的反应予以更多关注；对中层管理者在变革中的作用予以关注的成果较少，有代表性的是高静美等（2013）以本土中层管理者为样本，构建组织变革管理的 DPH 理论模型，实证研究结果表明，中层管理者对于变革的成功与否起到非常重要的作用。

同时，值得注意的是，无论是人员的调整、结构的改变还是技术的革新，组织开展变革的最终目的都是通过员工态度与行为的改变更好地实现组织绩效的改进，更好地实现组织目标，组织变革的落脚点都在员工行为上，因此，变革情境下的个体行为应成为组织变革研究的根本点，针对组织变革，需要深入微观与细节进行探讨。组织变革研究的焦点需要转向从微观、个体导向视角来研究员工对于组织变革的反应及其心理作用机制。

不论组织的战略调整，还是职位的变化，不论是涉及局部的渐进变革，还是大刀阔斧的激进变化，任何一次组织变革都是组织内高层管理者推进、中层管理者执行、员工共同参与的过程，以往的研究大多从组织变革推动者的视角来分析，但员工对变革的态度及其行为是影响变革成败的关键因素。员工是组织变革解冻、变革和再冻结阶段的一支重要力量。因此，对员工变革反应的研究成为近期组织变革微观领域研究的热点。

第二节　员工变革反应研究

组织变革时期，管理者管理方式的变化、组织结构的调整以及技术的革新都会或多或少触及到员工的利益，员工变革反应正是员工对组织变革的态度与行为表现，当前对员工变革反应的研究主要集中在变革反应的类型与影响因素、变革反应形成机理及员工变革反应的管理对策等几个方面。

一、员工变革反应的内涵与类型

丰富的组织变革理论给研究员工变革反应提供了较好的理论基础，但当前对员工变革反应提出明确定义的成果很少，有代表性的是：员工对变革的反应是员工对于某一变革事件的态度与行为（朱其权，2012）；员工变革反应是员工针对变革的行为反应（杜旌，2013）。可见，对于该定义主要从事件范式理解员工变革反应，同时，对于员工变革反应包含的层次尚未形成统一结论，前者认为包含态度与行为两个层次，后者认为仅是行为反应。

更多学者将研究视角投向员工变革反应的类型。蒋衔武、陆勇（2009）从态度的构成角度将员工变革反应分为认知、情感和行为反应三个层面，同时每一个层面分为四个维度：积极的、消极的、中立的和混合的反应。张启航（2010）从个体对组织变革的态度、认知和情绪三个方面探讨了个体对组织变革的反应。张婕（2013）认为，变革反应表现为变革参与者对变革的一种态度，并提到变革意愿的构念。几位学者从态度角度理解员工变革反应。

还有学者从行为角度分析员工变革反应。王玉峰、金叶欣（2013）认为，变革应对是典型的行为反应。杜旌（2013）借鉴Herscovitch 和 Meyer 的研究，根据员工的投入参与程度，将其分为积极抵制、消极抵制、消极服从、主动配合到积极支持。张启航（2010）借鉴赫茨伯格双因素理论的推导逻辑认为，员工对组织变革行为立场的选择呈现独立的二元结构，支持立场的对立面不是抵制，而是不支持；抵制的反面也不是支持，而是不抵制。员工对组织变革的行为反应可以分为退出行为（exit）、呼吁行为（voice）、忠诚行为（loyalty）和忽略行为（neglect）（简称员工 EVLN 行为）（王慧，2011；杨柳，2012）。

同时，罗伯特·赫勒还针对员工的变革情绪反应做了纵向研究，随着时间的推移，变革情绪有较大的波动，经过稳定、无奈、否认、愤怒、讨价还价、抑郁到检验、最后逐渐接受。两个极端点分别为愤怒和抑郁，如图 7-1 所示。科林·卡纳尔也提出员工对变革的应对周期模型，认为包括五个阶段，分别是：否定、防御、放弃、适应和内化阶段。他同时指出，并不是所有员工都要经历这五个阶段，不同人经历的时间和速度也有所不同。不同个体面对变革的反应会有所不同，大卫·鲍尔认为，大约 15% 的人会表现出激动的情绪，明确支持变革，15% 的人会成为坚决反对的力量，而其余 70% 的人会暂时不表明立场。罗杰斯等也提出创新者（大概2.5%）、早期采用者（13.5%）、早期多数者（1/3）、晚期多数者（1/3）和迟后者的统计分析数据。

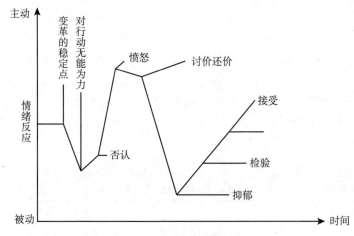

图 7 - 1　组织变革的情绪反应

资料来源：罗伯特·赫勒著，章震宇译. 谋划变革［M］. 上海：上海科学技术出版社，2000：38.

朱其权、龙立荣（2011）总结西方研究文献，认为员工变革反应主要有五种类型：变革抵制、变革承诺、变革开放性、变革犬儒主义和变革应对，我们在随后也主要以此分类为分析框架。

需要说明，变革反应是员工对变革做出的回应，应包含态度与行为两方面的成分。态度理论认为态度包括认知、情感和行为三个成分，这里的行为成分是一种采取某种行为的倾向性，并不是实际行为。因此，员工变革反应是员工对组织变革的态度与行为表现，具体可包括态度方面的认知、情感与行为反应及实际的行为表现。

二、员工变革反应影响因素

朱其权、龙立荣（2011）总结西方员工组织变革适应模型，认为变革事件特性与员工应对性资源两大因素影响员工变革反应。蒋衔武、陆勇（2009）认为影响员工对组织变革反应的因素包括变革

性质、员工个人、变革管理者和组织本身变量四个因素。国外学者
Kanter 和 Mirvis（1989）提出 20 世纪的美国社会制度和环境的变动
会影响到员工的组织犬儒主义态度的观点，Feldman（2000）也验
证了宏观环境与犬儒主义的关系，他认为组织结构的变化会导致大
规模裁员和动荡的宏观环境，因此会提升员工的组织犬儒主义水
平。综合几项研究成果，可以得到如表 7 - 1 所示的员工变革反应
影响因素，从而形成更完整的研究框架。

表 7 - 1　　　　　　　　　　员工变革反应影响因素

一级因素	二级因素	三级因素	代表性研究
变革事件特性因素	变革事件本身属性因素	变革影响范围与程度、变革结果、变革速度和时间	Fedor 等，2006；Oreg，2006；Devon 等，2007
	变革管理因素	变革领导风格与领导行为、变革参与、变革信息沟通、变革策略	Lines，2004；Rubin 等，2005；Conway 等，2008；杜旌，2013；兰菊萍，2012；高静美 等，2013
员工的应对性资源	个体特质	变革自我效能、员工的情商、员工个人能力、员工预期公平、员工先前对变革的经历、控制源、开放性因素	Wanberg 等，2000；Herold 等，2007；Oreg，2003；Judge 等，1999；彭移风等，2008；俞彬彬，2009；陈景秋等，2011；李焕荣等，2013
	社会支持因素	他人的信任、支持	Terry、Callan，2000；Oreg，2006
组织本身的变量	企业文化	变革型、创新型	Machin、Fogarty、Bannon，2009；蒋衔武，2009
	组织结构	横向部门、纵向层次	蒋衔武，2009
外部环境	宏观氛围	大规模裁员等	Kanter、Mirvis，1989；Bateman、1992；Feldman，2000

资料来源：作者根据相关资料整理。

　　国内相关研究起步较晚，成果相对来说不够丰富。从领导风格
看：杜旌（2013）将变革领导行为细化，分两个层级"高管或企

业家层级的威权领导和魅力型领导、中层管理者的交易型领导和参与式领导行为"对员工变革反应及其变革的动态影响进行分析，同时研究了三种中国本土文化情境因素如权力距离取向、中庸和关系导向文化等在领导行为对员工变革反应影响中的权变作用。从个体特质看：彭移风、宋学锋（2008）从控制源、自我效能、自尊、积极情感、开放性、容忍力和主动积极性七个人格因素探讨了影响员工对组织变革的心理应付情况。俞彬彬（2009）通过对企业员工进行调查，研究发现，组织公平的四个维度（程序公平、信息公平、分配公平和人际公平）与员工对组织变革的反应显著正相关。陈景秋、童佳瑾、王垒（2011）基于人格视角，总结梳理了人格因素影响变革反应的三种理论模型，积极的自我概念和风险耐受性影响变革应对，韧性人格影响变革开放性，抵制型人格可以预测变革抵制，而且关系更为直接。从组织结构与文化看：蒋衔武（2009）认为，成功的组织变革需要企业进行相应的组织整合。

　　同时，张婕、樊耘、纪晓鹏（2013）基于系统性观点，从员工感知角度探讨组织变革四因素变革情境、变革过程、变革内容和变革结果与员工变革反应的关系，得到员工感知到的组织变革因素对员工变革反应的影响机制模型。张启航（2010）认为，员工的变革认知对变革支持具有正向影响，同时员工感知到的变革压力对变革抵制有正向影响。

三、员工变革反应形成机理

　　朱其权、龙立荣（2011）谈到 Terry、Callan（2000）的员工针对组织变革的调整模型和 Liu、Perrew 构建的员工针对组织变革的认知情感模型。两个模型都是员工针对组织变革，进行认知，然后选择对变革的反应。在员工针对组织变革的调整模型中，个体会基于变革事件和应对性资源对变革进行情境评价，包括主观判断和问题导向与情感导向策略评价，如图 7－2 所示。在认知情感模型中，员工从交织情绪、积极或消极情绪、主动或被动应对到情感与实际应对行为，经历四个阶段。同时，朱其权认为探讨员工变革反应不应单纯考虑变革事件，应将变革事件与员工对组织的认知结合起来，在二次评估过程中需要根据变革公平感等调整既有组织情感承诺，形成新的组织情感承诺，进而形成变革情感承诺，产生真正的行为反应。

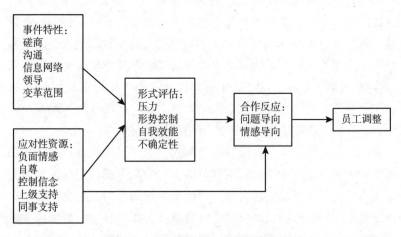

图 7－2　员工针对组织变革的调整模型

资料来源：朱其权，龙立荣．国外员工变革反应研究综述［J］．外国经济与管理，2011（8）：46.

张婕（2013）从组织变革四因素（变革情境、变革过程、变革结果和变革内容）探讨了员工对组织变革的反应过程，描述性的解释了员工感知到的变革情境、变革过程和变革结果正向影响员工变革反应，员工感知到的变革内容会负向影响员工变革反应。蒋衔武、陆勇（2009）将变革反应影响因素与三个层面的反应（认知反应、情感反应和行为反应）整合为员工对组织变革的反应模型。

杜景丽（2014）同时谈到变革认知与变革反应显著相关，同时创造性地将变革断裂带概念引入组织变革研究领域，探索变革断裂带的内涵及测量，并检验变革断裂带在变革认知和变革行为立场关系中的调节作用、变革强度与变革断裂带的关系。研究表明，在组织变革认知与员工变革抵制行为的关系中变革断裂带起到正向的调节作用，变革断裂水平越高，组织变革认知与变革抵制行为之间的关系就越强。

可见，在针对变革反应形成过程的研究中，各位学者对变革认知越来越青睐，员工对变革的反应正是基于变革认知的基础上形成的，但具体形成机理还有待于进一步研究。

四、员工变革反应的管理对策

朱其权、龙立荣（2011）认为可通过干预员工的变革认知过程、组建一支令员工信任的变革领导团队、参与与沟通等方法来影响员工变革反应，推进组织变革。唐杰（2010）借鉴社会心理学中认知和态度改变的相关理论建立了员工应对组织变革的精细加工可能性模型，该模型给管理者的启示是要考虑组织稳定因素和变革情境因素的不同作用。丁奕等（2008）认为可通过增加员工参与以及提高员工应对变革压力来应对员工变革犬儒主义。杨欢等（2014）通过分析员工犬儒主义的形成机理认为可提供充足有效的信息、促进部门间的沟通和创造管理者与员工互动的机会来应对变革过程中的员工犬儒主义。鲁虹（2005）认为可以通过让员工获得变革全部信息、员工参与以及培养员工能力等方面来减少员工对变革的抵制。

五、研究展望

组织变革反应的研究成果为后期的微观研究奠定了坚实的基础，给了我们全新的视角诊断组织状态，推进组织变革，也为实践界提供了一定的管理思路。但同时也应看到，当前国内针对组织变革反应的研究还处于总结西方研究成果，进行初步探讨的阶段，还有很多关系需要厘清，很多理论需要深入探讨。

1. 重视员工变革认知

我们并不是看到现实，而是对自己所看到的东西做出解释，并称它为现实。（斯蒂芬·P. 罗宾斯）。员工感知到的组织变革因素会影响组织成员对变革的反应与行为（张婕，2013）。

彭移风（2008）探讨组织变革中员工人格特征与应付变革方式的关系时，中间环节是认知图式；积极的变革图式对员工的积极行为有正向影响作用，消极的变革图式对积极行为会产生负向影响（王慧，2011）。杜旌（2013）在分析不同层级领导行为对员工变革反应的影响时是基于图式理论的中介作用分析的，变革期望和变革公平是学者关注较多的两种认知，在关系模型中发挥重要的中介作用。杨柳（2012）则得出变革认知评价与退出和体谅型呼吁行为显著负相关的结论。员工变革认知与离职倾向显著正向影响，对工作满意度有显著负向影响（曾贱吉等，2015）。

可以看出，在实际的组织变革与员工变革反应的关系中，变革认知是一个重要的变量，可以在今后加强对该领域的研究，以指导实践中调整变革认知的举措。

2. 增强员工变革反应形成机制的研究

当前专家学者在界定员工变革反应内涵的基础上，探讨变革反应前因变量和结果变量，但研究中多进行定性分析，逻辑推演，对于每一影响因素的探讨不够深入。同时，员工变革反应是员工对组织变革诸因素进行认知判断的基础上产生的态度与行为反应，涉及员工人格特质、认知风格等内在的心理特征，因此具体形成机制比较复杂，需要深入研究。

3. 开展积极变革反应的研究

员工应对是组织行为学一个新的研究领域，变革意愿、变革开放性是相对积极的变革态度，变革犬儒主义是比较消极的变革态度与行为，但当前的研究重点在于员工的消极变革反应，组织变革的阻力是基层和中层的员工，因此要推进组织变革就必须克服阻力，即要改变员工变革反应，首先构建积极变革认知，然后形成情感甚至行为反应，在变革反应管理策略中可见一斑。员工既有的积极变革反应被忽略了；同时，变革犬儒主义等也有积极的一面，如可以减轻变革失败后员工的情绪落差，因此，这些细节内容也需要深入分析。

4. 进行本土化研究

关于员工变革反应的文献为我们的后续研究奠定了深厚的基础，但仍可以发现，在国外将组织变革研究视角转向微观领域，关注员工变革反应二三十年后，国内的研究仍处于萌芽阶段，许多理论是对国外理论的综述与引入，亟待结合国内的经济、文化要素进行本土化研究。在经济经过多年的快速增长后，当前我国正处于转型调整期，各种类型的组织都能感受到变革的水深火热，如何成功推进变革是每个组织管理者关注的重大事件。权力距离、不确定性避免、集体主义等文化维度与西方都有不小的差异，探讨员工变革反应时应进行具体考量。

组织变革是当前环境剧烈变化时期组织不得不进行的调整，以往从变革推动者视角进行的系统研究也需要因时而变，员工是组织变革落实的最终群体，因此，需要关注员工变革反应，包括员工的认知、员工的参与以及沟通等，这样才能将组织变革落到实处，成功实施组织变革。

第三节　变革承诺管理

　　组织变革的推进需要全体组织成员的共同努力，不能忽视一般组织成员的作用。而以往变革达不到预期结果的一个很大原因就是员工对组织变革持不积极甚至消极对抗的态度，变革承诺就是一个近期研究员工变革反应的热点问题。

一、组织承诺

1. 承诺的概念

　　承诺（commitment）在《现代汉语词典》中被解释为"对某项事务答应照办"。Oliver（1990）认为承诺一种意愿倾向，可以按照给定的方式向一个特定的目标行动。Brown（1996）从心理契约视角研究，将承诺看做一种即使面对态度波动和一时奇想时，推动人们仍然忠实于已有的心理契约的强迫性力量。事物总是处于不断变化之中，未来充满了不确定性。在不断变化的环境面前，承诺可以减少个体对未来的担忧、恐惧，减少不确定带来的损失。

2. 组织承诺的概念和结构

　　（1）组织承诺的概念。Whyte 于 1956 年出版《Organization Man》（组织人）一书，在这本书中，Whyte 指出："组织中的人不仅为组织工作，而且隶属于组织；组织承诺是有效了解员工在组织内工作行为的一个核心要素"，这可以看做组织承诺（organization commitment）概念的最早起源。同时，20 世纪 50 年代中期，美国社会学家贝克尔（H. S. Becker）发现工作满意度和工作绩效之间没有显著的相关性，用提高工作满意度的做法不能提高工作绩效，但他在研究中发现，个体对组织产生承诺，是因为个体能从对组织的投入中得到回报，组织承诺是由员工单方投入而产生的维持（自己）"行为一致性"的倾向，可见贝克尔是从组织员工单方面投入即单边投入理论提出组织承诺概念的。Robbin（1968）认为组织承诺反映出员工对组织的忠诚与认同程度，以及员工参与组织活动的积极程度。20世纪七八十年代，研究者逐渐发现组织承诺与其结果变量之间的关系，认为组织承诺能够稳定预测员工的离职和缺勤行为。如果员工的组织承诺水平不高，就意味着员工缺勤率有可能高，该员工也有可能离职。但这个时期对组织承诺定义的理解仍然仁者见仁，智者见智。

而到了20世纪90年代，加拿大学者梅耶（J. P. Meyer）和艾伦（N. J. Allen）（1991）的观点得到了学术界的广泛认可，他们认为组织承诺是一种稳定的心理约束力，同时可以指导个体的行为，而且作为与工作满意度不同的态度变量，组织承诺可以单独影响个体的行为，是一个独立变量。至此，该定义以及理解对后期开展的组织承诺研究产生了更为广泛的影响。

（2）组织承诺的结构。对于组织承诺的结构，学者的研究也不一致。早期学者认为组织承诺是单维变量，如美国俄勒冈大学默德（R. T. Mowday）从态度角度界定组织承诺，认为组织承诺是"个体对组织的投入与认同程度"，奥瑞力（O'Reilly）将此称为"态度承诺"。而夏兰希克（Salancik, G.）从行为角度分析组织承诺，认为一些行为会由于对组织的依赖表现出来。

20世纪90年代后，大家对组织承诺结构的认识比较一致，那就是认同梅耶和艾伦的研究。他们对于组织承诺维度的划分也是当今研究中的主流观点。梅耶和艾伦认为，组织承诺包括三个维度：情感承诺、持续承诺和规范承诺。其中，情感承诺（affective commitment）是指员工个体对组织的认同程度，属于组织承诺中的情感成分，在组织中，员工会表现出努力工作，对组织忠诚，这些表现的原因在于员工个体对组织具有深厚的感情，而不是出于对物质利益的考虑。持续承诺（continuous commitment）则是建立在物质利益基础上，随着员工在组织中工作时间的增长，员工会得到更好的薪酬待遇、技术能力也在不断增强、组织中的人际关系也会越来越好，人脉也越来越广，这时如果员工选择离开组织，这一切良好的待遇都有可能消失，因此员工为了避免这些损失，同时重新选择工作机会也具有不确定性，因此员工会选择继续留在组织中。规范承诺（normative commitment）是指员工个体在社会化过程中，不断被鼓励要忠诚于组织，因此出于自身的义务和责任感，员工选择继续留在组织中。总之，员工留在组织中的原因是他们愿意（情感）；有需要（连续性），或是感到有义务（规范化）。

国内在组织承诺维度研究方面，大部分学者都是在梅耶和艾伦三维度研究的基础上结合中国的具体特点进行本土化研究的。余凯成（1996）提出组织承诺应包含五个方面的内容：功利性承诺、参与性承诺、亲属性承诺、目标性承诺和精神性承诺。凌文辁、方俐洛等人于1996年开始了中国职工组织承诺研究，到2000年凌文辁、张治灿、方俐洛（2000）建立起一个中国职工组织承诺行为的理论模型，提出了组织承诺的五因素模型。这五种基本的承诺类型分别是：感情承诺、规范承诺、理想承诺、经济承诺和机会承诺，其中，理想承诺是西方研究中未曾涉及的。组织承诺的五维结构得到一些实证研究的验证，但是也有研究认为经济承诺与机会承诺应当合并为投入承诺。张治灿、方俐洛、凌文辁于2001年采用结构方程模型（SEM）中的验证性分析技术对中国职工组织承诺五因素结构模型进行了检验，并通过二阶验证性因素分析，将五因素模型又划分为心理因子和社会经济因子两个二阶因子。

3. 组织承诺的管理建议

樊耘、阎亮、张克勤（2012）检验了组织文化、组织人力资源管理实践（HRMPs）与组织承诺之间的关系后认为，要注意人力资源管理实践对组织文化价值观和特性的传承作用，两者一致会增强员工的组织承诺。张威（2012）认为应该在管理中注重缓解角色压力、以创新作为驱动力，同时降低员工的工作不安全感。凌玲、卿涛（2013）认为培训从整体来看能增强员工的组织承诺，可雇佣性在其中起中介作用，并提出雇佣双方应形成相互投资的理念的管理建议。陈瑾、梁欢（2013）从集体主义视角分析认为，管理者应注重集体主义文化的培养，加强集体主义精神教育，以培养员工对组织的归属感及认同感。高翔、罗家德、郑孟育（2014）基于圈子理论的分析认为，企业需要建立和发展最优化的员工圈子结构，提高员工的组织承诺水平。

二、变革承诺相关研究

1. 变革承诺的概念

贝克尔（H. S. Becker）提出了承诺指向的概念，来说明组织成员向谁承诺。这些指向目标不仅包括有形的对象（如组织、职业等），而且包括抽象的、无形的对象（如绩效和助人行为等）。当承诺指向组织变革时，即为变革承诺（commitment to change）。很多学者对变革承诺进行了定义，如表7-2所示。

表7-2　　　　　　　　　　变革承诺的内涵

学者（观点年代）	变革承诺的内涵
Armenians 等（1993）	变革承诺是员工为变革而付出努力的意愿程度，反映的是组织变革时员工的一系列行为意愿
Jaffe、Scott、Tobe（1994）	员工欣然接受变革
Lau、Woodman（1995）	变革承诺是员工对变革的一种特殊态度
Klein、Sorra（1996）	员工所感知的变革内容与员工价值观的匹配程度

续表

学者（观点年代）	变革承诺的内涵
Armenakis 等（1999）	变革承诺是员工为变革付出努力的意愿
Coetsee（1999）	变革承诺代表对变革的接受，是变革抵制行为的反面
Neubert、Cady（2001）	变革承诺是一种目标承诺，强调支持和促进变革的意愿
Herscovitch、Meyer（2002）	一种能够促使员工做出组织变革所需态度与行为的力量或思维模式
Ford 等（2003）	变革承诺是个体付出努力去追随变革的意愿
Fedor（2006）	变革承诺是一种认知目的，是与变革支持行为有关的前摄性意愿
Herold、Fedor（2008）	变革承诺不仅是一种对变革的积极态度，还包括为组织变革而付出的支持行为（与其他学者研究不同，包括行为成分）
Conway、Monks、Herold（2008）	变革承诺是员工对变革的一种情感反应
王明辉（2012）	变革承诺是愿意为组织变革付出努力的主动意愿和动机，也是愿意为组织变革付出努力的积极主动的行为意愿

资料来源：作者根据相关资料整理。

可以看出，变革承诺的指向是组织变革，更多学者认为变革承诺是员工对变革的一种态度反应，这种态度是积极的、正面的，成员接受变革，愿意为变革付出努力，支持变革。我们同样认为，组织变革承诺是组织成员对变革所持的积极的态度反应。如果组织未进行变革，变革承诺同样存在，是员工对可能要进行的变革的态度反应。可见，组织承诺是一种心理约束力，变革承诺是员工对组织变革的心理动力，是员工从心理深处、从情感等方面表现出来的对变革的态度。态度决定行为，员工会选择表现出支持变革的行为。

2. 变革承诺的结构

与组织承诺的结构研究类似，变革承诺维度划分在研究过程中也存在着单维与多维的观点分歧。

在早期较长一段时期的研究中，变革承诺都被视为一个单维度的概念，单维观点强调变革承诺是员工对组织变革的整体认知，变革承诺和目标承诺相似；Ford 等（2003）将变革承诺聚焦于对于变革的认同，追随变革的意愿，同时愿意付出努力；Fedor 等（2006）也将变革承诺视为变革意愿；Tansen、Karen（2004）认为变革承诺是员工对待组织变革的态度。

直到 Meyer、Herscovitch（2001）将梅耶和艾伦的组织承诺三维度模型（Meyer & Allen，1991）应用到变革承诺的概念当中，变革承诺的结构才得以更加清晰和全面。变革承诺是研究者借鉴组织承诺理论提出的有关组织变革的独立变量，借鉴组织承诺比较认可的三维度结构，认为变革承诺包括变革持续承诺、变革情感承诺和变革规范承诺三个成分。国内的研究也比较一致地支持这种维度划分（张延燕，2004；王明辉，2012；冯彩玲等，2014）。

组织承诺包括情感承诺、持续承诺和规范承诺，Meyer、Herscovitch 认为，员工变革承诺同样包含三个维度，即变革情感承诺（affective commitment to change）、变革持续承诺（continuance commitment to change）和变革规范承诺（normative commitment to change）。对三个成分的解释类似于组织承诺的三个成分。第一，变革情感承诺反映了员工对组织变革的认同程度，是对组织变革的意愿体现，员工认识到组织变革的必要性，认为组织变革有助于组织未来的发展；第二，变革持续承诺反映了员工认为，如果不支持组织变革，自身的薪酬、地位等既有利益可能会受到损害，因此为了维持既有状态被动支持组织变革；第三，变革规范承诺反映了员工支持组织变革的责任感和使命感，在长期的社会化过程中，支持组织的行为被鼓励宣传，员工认为支持组织变革是作为组织成员必须承担的职责。简而言之，员工感觉自己必须支持变革是因为他们愿意这么做（情感），应该这么做（规范），以及/或者不得不这么做（持续）。这三个维度的划分在后期的研究中也得到了证实，同时，三个维度相互独立，也不等同于组织承诺的三个成分。

3. 变革承诺的前因变量

变革承诺是员工对组织变革的一种态度，就态度的性质与影响而言，是一种正面的积极的态度，正向影响着员工对变革的行为反应，因此，需要了解变革承诺的具体形成机理，才能提出增强员工变革承诺的管理对策。影响变革承诺的因素如表7-3所示。

表7-3　　　　　　　　　　变革承诺前因变量

学者（观点年代）	变革承诺的前因变量
Lau、Woodman（1995）	控制点、对变革的态度、组织承诺等
Neubert、Cady（2001）	外部因素（例如，奖励、同事与上级的期望）和情感因素（例如组织承诺、变革效能等）
Ford 等（2003）	领导对变革的支持态度、组织承诺及类似的变革经历
Fedor 等（2006）	群体层次变革有利性、职务内容和级别的变革、变革公平性
Bernerth（2007）	程序公平、交互公平与分配公平
Chen、Wang（2007）	人口统计特征与控制点
Herold 等（2008）	变革导向与变革型领导、组织承诺等
Conway、Monks（2008）	交易型和变革型领导方式等
Parish 等（2008）	组织愿景与组织变革的匹配程度、上下级关系、工作积极主动性与角色自主权
Neves（2009）	变革的自我效能感与变革恰当性
Foster（2010）	组织公平与变革抵制
Chen 等（2012）	变化与矛盾思维
张灿泉（2011）	变革沟通
朱其权（2012）	仁慈领导与变革导向领导方式等
张威（2012）	角色压力的角色模糊维度
宁静（2013）	变革结果预期

续表

学者（观点年代）	变革承诺的前因变量
冯彩铃、魏一、张光旭（2014）	领导—成员交换关系和心理抗逆力
秦志华、王冬冬、冯云霞（2015）	高参与工作系统

资料来源：作者根据相关资料整理。

从总体上看，变革承诺的影响因素包括员工个体层面和组织层面两类因素。

（1）员工层面影响因素。

第一，控制点。控制点由社会学习理论家罗特（J. Rotter）提出，也被称为控制观，每个人都对自己的行为方式以及行为的结果有一定的认识与判断，并判断出控制自己的力量。控制点分为内控和外控两种，前者指把责任归于个体的一些内在原因（如能力、努力程度等），后者则是指把责任或原因归于个体以外的其他因素（如环境因素、运气等）。

环境本身处于不断变化之中，组织变革又加剧了这种不确定性，员工需要对此作出回应，对自身处理环境变化的能力形成判断，影响对变革的态度。一些研究已经证明了控制点和各种变革承诺之间的关系。例如，Chen、Wang（2007）的研究表明控制点对员工的变革承诺水平具有显著预测作用，但对于变革承诺三因素的影响截然不同，内部控制型的员工表现出更高水平的变革情感承诺和规范承诺，外控型员工的变革持续承诺水平较高。

第二，变革自我效能感。自我效能感的概念是由美国心理学家班杜拉于1977年首先提出的，随后他又进行了深入研究，1986年在著作《思想和行为的社会基础》中，首次把自我效能感定义为"人们对自身完成既定行为目标所需的行动过程的组织和执行能力的判断"，即个体对自己是否具备达到某一行为水平的能力的判断。组织变革进程中可能会涉及员工职责的调整，工作要求发生变化，员工会对自己能否完成变化的工作任务进行一种自我判断，这就是变革自我效能感。而变革自我效能感是个体对自己应对组织变革带来的各种挑战的信心，变革自我效能感水平比较高的员工，对自身完成组织变革调整工作内容等要求的自信心比较强，感觉自己能够顺利应对，就会愿意支持组织变革。

张威（2012）的研究结果表明，角色压力的角色模糊维度对变革承诺的各个维度均具有显著的负向预测作用，角色压力的角色冲突维度对变革承诺的持续变革承诺具有显著的正向预测作用。同时，在角色模糊和持续变革承诺的关系以及与规范变革承诺的关系中，工作不安全感作为第三方变量，对其负相关关系都起到了调节作用。

第三，变革结果预期。变革结果关乎员工的切身利益，关乎未来的职业发展，员工自然会非常关注，在变革之前会形成自身对变革结果的判断与预期。已有学者从个体层面探讨了变革结果预期和变革承诺的关系。例如，宁静（2013）分析认为，变革结果预期的两个维度对于变革承诺的三因素有着不同的预测作用。收入结果预期仅对变革情感承诺有显著的正向影响；工作结果预期对于变革情感承诺和变革规范承诺都有显著的正向影响，对于变革持续承诺则有显著的负向影响。这说明相对于经济收入而言，员工更看重变革对工作、个人职业发展机会、个体社会情感需求的积极影响。

（2）组织层面影响因素。

第一，变革领导者风格。在变革过程中，领导者的作用也非常关键。具有不同领导风格类型的领导者会展现出不同的领导行为，也会对变革承诺水平产生影响。领导风格中变革型领导和交易型领导受到较多的关注，变革型领导与员工的变革情感承诺具有较高程度的正相关性（Groves，2005），交易型领导与变革情感承诺负相关（Conway & Monks，2008）。变革型领导者让员工感到变革前景是美好的，时刻激励员工克服变革中的困难，并通过自身的榜样示范作用让员工信赖变革领导者，这些都会提高员工的变革承诺水平，让员工支持变革。而交易型领导只是以变革利益来交换，员工从情感上支持变革的可能性降低。

第二，领导—成员交换关系。领导—成员交换理论（leader-member exchange，LMX 理论）是由乔治·格里奥（George Graeo）和 Uhl - Bien 在 1976 年首先提出的，他们通过理论推导，得出结论：对不同的下属，领导者展现出的领导方式是有差别的，领导者和部分下属的关系比较亲密，形成关系"圈子"。在"圈子"内，领导者更多关照这部分下属，变革信息交流较多，下属也容易信任领导者，更倾向于理解变革，支持变革。但"圈子"外成员感受不到领导者的支持，相互之间沟通较少，较难得到变革信息，他们的变革承诺水平往往较低。而且，组织中更多的关系是圈子内成员与圈子外成员低质量的交换关系。冯彩玲等（2014）基于资源保存理论探讨了变革承诺的形成机制与效果，领导—成员交换关系也会正向影响变革承诺，同时，心理抗逆力也正向影响变革承诺，在正向影响过程中，工作安全感和积极情感会起中介作用。

第三，组织与社会支持。组织与社会支持指个体在情感上所受到的来自组织与社会方面的关心和支持。组织支持包括上级、同事和团队等，社会支持主要指来自父母、配偶、子女、朋友等方面的支持。组织与社会支持都会正向影响员工的变革承诺。

第四，变革过程。组织变革过程的各种变量也影响着员工变革承诺的水平。首先，员工非常关注变革过程的公平性。研究表明，组织公平影响变革承诺，变革公平和分配公平、程序公平都会影响变革承诺。其次，变革沟通与变革参与情况也是变革承诺的影响因素。变革沟通对员工变革承诺存在显著的影响。张灿泉（2011）认为变革沟通是变革承诺的重要前因变量，并深入分析了变革沟通对变革承诺的影响机制，在两者之间的关系中，管理信任起完全中介作用。高参与工作系统对组织变革承诺有积极影响，高参与工作系统通过心理授权影响员工的组织变革承诺（秦志华、王冬冬、冯云霞，2015）。

4. 变革承诺的结果变量

变革承诺的影响结果主要表现在对组织变革的态度与行为方面，包括主动阻抗、消极阻抗、顺从、合作和拥护（王明辉，2012），支持、适应和抵制变革行为（冯彩玲等，2014），如表7-4所示。

表7-4　　　　　　　　　　　变革承诺的结果变量

学者（观点年代）	变革承诺结果变量
Hartline、Ferrell（1996）	授权以及行为评估方法运用
Neubert、Cady（2001）	绩效和参与行为
Herscovitch、Meyer（2002）	行为连续性反映变革支持的行动
Burton、Lee、Hotom（2002）	组织承诺，组织员工离职行为及工作满意度
Arzu（2005）	员工的工作绩效
Cunningham（2006）	离职意愿以及应对变革能力
Meyer 等（2007）	对变革顺从和拥护
Parish 等（2008）	改进工作绩效、个体学习与执行成功
Neves（2009）	离职意向及变革的相关行为
Chen 等（2012）	绩效的变化
王明辉（2012）	主动阻抗、消极阻抗、顺从、合作和拥护
冯彩玲、魏一、张光旭（2014）	支持、适应和抵制变革行为
袁佳（2014）	员工心理反应和行为倾向

资料来源：在袁佳论文《组织变革承诺的形成及其对员工心理和行为倾向的影响》基础上根据相关资料整理。

冯彩玲、魏一、张光旭（2014）基于资源保存理论的视角探讨两种主要的资源——领导—成员交换关系和员工抗逆力，通过工作安全感和积极情绪影响员工的变革承诺，同时，探讨了变革承诺影响员工变革行为的效果，包括对支持变革行为、适应变革行为和抵制变革行为的影响。

袁佳（2014）探讨了变革承诺对员工心理反应和行为倾向的影响。其中对离职行为的影响中，变革持续承诺最相关，变革持续承诺与离职行为呈正相关关系，Cunningham 的研究也验证了这一点。同时，Cunningham、Neves 还发现，变革情感承诺和员工离职倾向显著负相关，持续承诺和离职倾向显著正相关。离职意向是员工态度中的一种行为倾向，但行为倾向和实际行为关系紧密，因此学者对变革承诺与离职意向的研究较多。

同时，邓今朝等（2012）通过对 198 名大学生进行研究，结果表明突变条件下，变革承诺还会发挥调节效应，调节团队成员的变革承诺在团队目标取向与团队角色结构适应二者之间的关系。

三、变革承诺提升对策

组织变革过程中，员工的变革态度及行为对变革的成功推进非常关键，组织变革失败率居高不下的一个重要原因就是变革管理者太过于重视战略、技术等问题，而对参与变革过程的"人力资源"的作用认识不够，忽视了对员工变革反应的管理。变革承诺是一个反应积极态度的变量，在变革管理过程中，需要通过各项人力资源管理实践措施来使员工认识到变革的必要性，提升变革承诺水平。前已述及，变革承诺受个体因素和组织因素两方面的共同影响，但这里主要分析从组织管理者层面采取的管理措施，具体包括塑造变革型领导风格、提升员工自我效能感、建立变革参与机制与提供尽可能的组织支持等。

1. 塑造变革型领导风格

在组织变革时期，变革信息的传递、变革计划的执行都是从上到下沿着组织的等级链进行，员工感受、参与变革，最直接的信息来源是与其直接联系的领导者，可以说，领导者是组织变革的代言者，领导者的领导风格将直接影响员工对组织变革的感知，影响员工的变革承诺水平。

变革型领导自从 Burns 于 1973 年提出就受到学者的重点关注，对变革型领导进行明确定义的是 Bass，他认为，"变革型领导通过让员工意识到所承担任务的重要意义，激发下属的高层次需要，建立互相信任的氛围，促使下属为了组织的利益牺牲自己的利益，并达到超过原定期望的结果"。Groves（2005）研究表明，变革型领导在变革过程中具有较好的效果，与情感变革承诺有较高的正相关。对于变革型领导的结构，领袖魅力、感召力、智力激发和个性化关怀四个维度的划分应用较为广泛。

变革组织的领导者可以从下面四个维度着手塑造变革型领导风格。

第一，领导者展现良好的个人魅力，赢得员工心底里的佩服。领导者的权力来源于两种：一是职位权力，是由上级或组织所赋予的，并由法律、制度、文件等明文规定的，它随职务变动而变动；二是领导者自身的某些特殊条件，比如知识和技能、个人魅力。第二种权力对下属的影响更深远、更持久，因此，领导者可以更多塑造自身良好品格，提升个人魅力，开展组织变革。

第二，在组织变革前期，向员工阐明变革的原因，描绘变革的美好前景以及将取得的变革效果，让员工感知变革的必要性，对变革形成合理的推断，增强变革凸显性和变革效价（组织变革认知理论内容，后面会详述）。

第三，变革计划的制定、执行过程中让员工全面参与，相信员工具备变革的能力，授予更多权力，满足员工对参与和提升自身价值的追求，让员工良好的专业素养得以发挥。

第四，每个人需求特性不同，变革时期，领导者可以针对员工的特点，了解他们的内在需求，对他们予以个性化关怀，让他们没有后顾之忧，全身心投入组织变革。

2. 提升员工变革自我效能感

员工变革自我效能感影响变革承诺，可通过培训、获得阶段性成功、举办经验交流会等方式提高员工的变革自我效能感。

（1）充分培训。对于变革实施者来说，要提高员工的变革承诺水平，培训是一项非常重要的人力资源管理举措。变革时期，员工容易感受到压力，压力的来源之一是面对变化的束手无策，变革带来的知识技能更新使他们一筹莫展，因此培训内容就是员工应对变革所需要的技能，这样员工就能增强应对变革挑战的自信心，提高自身对于变革所需能力的判断水平，提高变革自我效能感，安心参与变革，并为能提升自身技能感到满足，真心诚意的支持变革，增强变革承诺水平。

（2）变革时期获得阶段性成功。组织变革是一个过程，不是一蹴而就的事情，员工看到过程漫长，会感到没有信心，何时才能实现变革目标遥遥无期。如果管理者设立阶段性目标，让员工体会到一点儿成功，有一点儿收获，就会增强员工的信心，就像科特指出变革过程中需要"创造短期成效"。可行的方式包括能够很快实现阶段性尤其是早期成效、能够让尽可能多的人看到该成效、能够争取到有权力的人的支持的成效等。

（3）举办经验交流会。提升变革自我效能的另一个有效方法是"替代经验"。变革进程中，管理者可以举办经验交流会，让员工们畅谈变革体验，这样，一方面可以在变革中提升自己；另一方面有些人看到与自己的水平差不多的示范者取得了成功，就会增强信心，提升变革自我效能感。

（4）归因指导。班杜拉研究分析认为，成功的归因方式影响自我效能，员工在进行自我效能评价时，会综合考虑自身因素与外部因素，因此，一方面需要提供资源支持，另一方面可做归因指导，让员工更加相信自身的力量，增强变革的信心。

除此之外，还有言语说服等方式也可以提升自我效能感。

3. 建立变革参与机制

员工参与向来是组织管理者倡导但真正执行可能力度不大的一项措施。变革参与可以使员工充分了解组织变革的必要性和可行性，了解组织变革的全部信息，对于增强变革承诺可以起到很好的作用。但要将变革参与落到实处，真正发挥其应有的作用，还需要管理者建立完善的变革参与机制加以保障。

首先，需要员工参与组织管理各方面的运作，具体可以是工作设计、培训设计、薪酬管理等内容，使员工对组织的整体运作产生认同感，对自身的工作产生认同感。在组织认同建立的基础上，组织变革过程中让员工参与进来，从变革计划制定、变革过程实施到变革总结各个环节的信息都需要公开透明，让员工参与，这样员工就会提高参与的积极性和主动性，提高变革卷入水平，增强对变革的承诺水平。尤其是内控型员工，需要让其充分参与变革，分享变革的成功与喜悦。

其次，提升员工的心理授权水平。20世纪90年代以来，竞争日益激烈，员工自主性日益增强，授权管理成为组织中人力资源管理实践的关键词。传统的社会—结构授权从组织结构中的等级链出发，将侧重点放在组织中层级设置的权力分配及共享问题上，但组织已授权并不意味着员工真正感知到了，员工"是对自己所看到的东西做出解释，并称它为现实"（斯蒂芬·P.罗宾斯），结构授权有时得到的结果是"员工仍会产生无权感"，于是，心理视角研究授权应运而生。

个体心理授权（psychological empowerment）的概念是由THOMAS等首次提出的，心理授权是个体体验到的一种被授权心理状态或授权认知，具体包括工作意义、自我效能、选择权和工作效果认知等四个方面。而Spreizer将心理授权的维度总结为意义、胜任力、自我决定和影响力四个因素。两者的维度划分比较类似。目前学者们普遍应用的四个维度为：意义、自我效能感、自主性和影响力。其中，工作意义是指个体认知的工作的价值；自我效能是指个体对完成工作任务的信念；自主性是指对工作的控制程度；影响力则是指个体影响组织管理各职能的程度。从员工心理视角探讨员工对权力的感受，授权即成为了一种内在激励因素，更容易激发出员工的内在动机，促进利组织行为的产生。

组织变革时期，员工如果能够根据自己的价值观，结合自己掌握的信息体会到工作的意义与价值，理解自身工作对组织整体变革的意义，同时能够有很大的信心来完成变革进程中自身的工作，能够自己决定工作如何开展，而不是受制于人，能够通过自身拥有的专业技术知识参与到变革过程中，影响组织的变革决策，总之，如果员工能够感知到组织的"授权"，心理授权感就会提升，就越会倾向于理解组织变革的各项措施，为组织变革建言献策，支持组织变革。但如果员工未能感知到"授权"，心理授权程度很低，那么员工就会消极对待组织变革。心理授权正向影响积极变革反应。组织应关注变革时期员工的变革认知，让员工感受到变革期工作的价值、工作的自主性和影响力以及完成工作的信心，提升员工的心理授权感知。

4. 提供组织支持

社会交换理论认为，人与人之间的关系，本质上是利益交换关系，只有物质和精神利益达到互惠的情况下，人与人之间才能正常交往。因此，组织如果希望获得员工对于变革的情感支持，增强其持续承诺水平，自身需要提供给员工更高的支持水平。第一，授予员工更多权力。授权可以充分调动员工参与变革的积极性和主动性，将部分决策权赋予变革成员或小组；第二，直接上级给予员工更多的支持。"圈子"的存在不可避免，但领导者可以与"圈子"外成员进行更多的沟通与交流，注意下级对于变革的态度，给予更多的关爱；第三，组织可以拓展"大家庭"观念，关注员工家庭的情况，争取更多的组织外支持。

第四节　变革犬儒主义

一、犬儒主义的内涵发展

犬儒主义经历了一个漫长的发展过程。犬儒主义（cynicism）产生于公元前5世纪古希腊一个重要的哲学流派——犬儒主义哲学流派，当时的社会状况是人们的权力欲很强，对物质财富看得很重，整日贪图物质享受，犬儒主义者对这种社会状况持不屑态度，对人们过度追求权力、财富与物质进行无情的嘲讽，并认为人们应该过的是崇尚追求道德的生活，不能过于奢侈，要过简单的非物质生活。这时的犬儒主义者的主要表现是愤世嫉俗。

到公元前3世纪即后期犬儒主义时期，新的犬儒主义学派不再强调独立、抑制欲望和修炼，开始对传统、社会主流信念和行为方式进行嘲讽，并远离自认为充斥控制欲和权力欲罪恶的主流社会，这时的犬儒主义者是玩世不恭的，并且这种表达方式一直沿用至今。

现代犬儒主义者对社会持不信任态度。当代犬儒主义已包含更广泛的内容，不再单纯属于哲学流派，而是进入到管理学、社会学、心理学、政治学和组织行为学等多个学科领域，其内涵发展也更趋多样性。

对犬儒主义内涵的界定主要有特质说和情景说两种观点。

1. 特质说

犬儒主义是指个体先天固有的不信任他人的一种负面人格特质（丁桂凤，2014）。如学者 Cook 和 Medley、Smith 和 Pope、Barefoot

和 Dodge 等都持这种观点，而 Abraham 更是提出"人格犬儒主义"的概念，认为犬儒主义是人内在的稳定的特质。该学说认为犬儒主义是人与生俱来的一种人格，不会随外部环境的改变而改变，是稳定的、持久的、伴随终生的，主要是基于心理学范式来研究犬儒主义。

2. 情境说

与特质说截然相反，持这种观点的学者认为犬儒主义是人对特定情境的反应，源于情境，因此，犬儒主义水平并不是固定不变的，是可以随外部环境改变的。这种观点得到了当今大多数学者的认同。犬儒主义是指人在特定情境下习得的一种态度状态，指人们对他人的真诚和善良动机及行动的不信任倾向（丁桂凤，2014）。和态度由认知成分、情感成分和行为成分三种要素构成同理，犬儒主义包括三个维度：对组织缺乏诚实的信念、对组织持有负面情感和对组织所持有的批判行为倾向（Dean、Brandes & Dharwadkar，1998）。而组织犬儒主义存在认知犬儒主义和情感犬儒主义两个维度（白艳莉，2013）。

可见，学者对犬儒主义的概念界定还未统一，但"不信任"特征依然延续到了当代。犬儒主义者常常表现得很消极，对任何事物缺乏热情，悲观甚至绝望都有可能发生，还可能会有玩世不恭、嘲笑挖苦等行为表现。

二、犬儒主义的类别

由于犬儒主义是特定情境下的个体反应，因此与具体指向对象相关，可以指向社会、政府等宏观层面，也可以指向职业、组织、行业、组织管理者、甚至组织的具体管理行为如组织变革等组织内部的微观层面，因此 Dean、Brandes 和 Dharwadkar（1998）将犬儒主义分为如下五类。

1. 个性犬儒主义（personality cynicism）

个性犬儒主义是个体内在的、稳定的对人类不信任的个性特征。个性犬儒主义者认为世界上所有的人都是不诚实的、自私的、不关心他人的，具体表现为愤世嫉俗，蔑视权贵，人与人之间联系很少，这种态度会导致愤怒、辛酸、憎恨和被控制感，但不会有实际的攻击行为。

2. 社会/制度犬儒主义（societal/institutional cynicism）

社会/制度犬儒主义指的是个体对社会制度的不信任。学者认为，在美国社会中，政府和公众之间社会契约的破裂使个体感到整个社会道德沦丧，产生信任危机。社会犬儒主义者主要是远离社会，认为是现有制度改变了自己的命运和地位，将别人的成功看成关系和运气的结果。

3. 职业犬儒主义（work/occupational cynicism）

该领域的研究者认为犬儒主义水平受到职业特征的影响，特定职业员工工作状态不同，个体感受不同，从而表现出不同的犬儒主义水平。研究者主要集中在社会服务和教育业两个领域进行研究，都将工作倦怠引入研究范畴，互动压力和角色冲突是产生职业犬儒主义的两个重要来源。在社会服务和教育业中，员工容易感受到工作压力与工作倦怠感，也易引发犬儒主义态度。在社会服务领域的研究者中，Meyerson（1990）Stevens 和 O'Neill（1983）、Storm 和 Rothmann（2003）的研究最具代表性。

4. 员工犬儒主义（employee cynicism）

组织的运作需要层级制度的运用，管理者和员工作为两个主要的层级，掌握的权力明显不对等，员工感受到薪酬水平在拉大、支持性资源分配不均衡，降低组织公平感和组织认同度，和管理者形成对立，甚至形成敌意，对于管理者的政策制定以及实施不以为然，对组织的未来发展缺乏信心，形成员工犬儒主义。

5. 组织变革犬儒主义（organizational change cynicism）

组织变革犬儒主义是个体对组织变革缺乏信心，主要表现在对组织变革的成功缺乏信心，很消极，甚至持悲观态度，而且对组织变革的管理者持怀疑不信任态度。和变革承诺不同，变革犬儒主义水平高的员工不会积极参与变革，这种消极反应甚至会蔓延，影响组织的变革氛围，因此，在组织变革实施过程中，必须关注变革犬儒主义者的态度反应问题。

三、犬儒主义的形成机理

国外学者集中探讨犬儒主义的形成原因，包括环境与个性等因素。国内学者近几年开始关注犬儒主义这个课题，但基本上处于对国外研究成果的综述与初步验证阶段，张士菊、廖建桥（2006，2007）介绍了西方组织犬儒主义的提出、概念、分类、测定以及国内组织行为领域开展犬儒主义研究的建议，包括应更多采取实验研究、参与观察以及纵向研究等研究方法，以及实际测量过程中应更多结合中国文化背景。李焕荣等（2013）也认为应该开发具有中国情景的组织犬儒主义量表。白艳莉（2011）在梳理西方研究成果的基础上，认为组织犬儒主义是一个员工—组织关系分析的新框架。丁桂凤（2014）基于心理学的视角依据情感事件理论、情绪感染理论和心理契约理论等探讨了犬儒主义的产生机制。还有学者将组织犬儒主义作为中介变量进行研究（白艳莉，2013；茆邦寿等，2014）。

1. 影响员工犬儒主义的因素

总体来看，影响犬儒主义水平的因素包括个体因素和组织因素。

（1）个体因素。

第一，人格特征。早期，持犬儒主义特质说的学者认为，人格特质决定犬儒主义水平。但后来学者发现，两者之间关系不明显，不能直接用人格特质来预测犬儒主义水平。

第二，人口统计学特征。人口统计学特征对犬儒主义的影响也未得到一致的研究结论。Abraha、Mehmet nayip Turan（2012）认为，年龄、性别、职位、工作年限和教育水平对组织犬儒主义没有比较明显的影响。但我国学者廖丹凤（2009）对285名员工进行调查，分别研究性别、企业性质、年龄、受教育程度、司龄和职位层次与组织犬儒主义的关系，结果表明女性员工的组织犬儒主义水平高于男性，大专学历员工的组织犬儒主义情感显著高于本科学历和硕士及以上员工，而且随着员工在公司中工作年限的增加，犬儒主义的信念也会上升。

（2）组织因素。组织因素中包括组织与员工之间的心理契约、职业生涯、组织的不公正及压力水平等。

白艳莉（2013）认为，犬儒主义是心理契约破裂对行为影响的重要通路，心理契约违背正向影响组织犬儒主义。张西超等（2014）针对新入职员工特定群体进行实证研究，结果表明，职业期望对组织犬儒主义有显著负向预测作用。袁凌、韩进、涂艳红（2015）认为，发展型职业生涯管理对员工犬儒主义具有显著负向影响。王丽平、张琦（2015）发现，组织不公正对犬儒主义行为有正相关作用，且关系补救在组织不公正与犬儒主义行为之间起调节作用。向雪、彭方（2014）通过实证研究认为，犬儒主义与挑战性压力源呈负相关、与阻断性压力源成正相关，并提出抑制阻断性压力源与激发挑战性压力源的策略。张西超等（2014）也得到类似结论：阻断性压力源对组织犬儒主义有显著正向预测作用。丁桂凤（2014）基于领导—成员交换关系理论分析认为，"圈外"成员犬儒主义水平较高。

2. 员工犬儒主义的结果变量

员工犬儒主义会影响员工的工作满意度，产生反生产行为，还会影响职业期望与离职倾向等。李焕荣、杨欢、刘得格（2013）认为犬儒主义影响员工的组织承诺、工作状态和个体行为，还会提高组织的离职率，但对组织公民行为影响的研究未得到一致结论。王永跃、叶佳佳（2015）认为，犬儒主义是连接工具主义伦理气氛与沉默行为之间关系的关键心理变量。

3. 员工犬儒主义的形成机理

对犬儒主义形成机制的研究也主要集中于心理契约违背的视角，认为犬儒主义易受到感知偏见的影响，因此心理契约违背是一个比较好的分析框架，如图7-3所示。

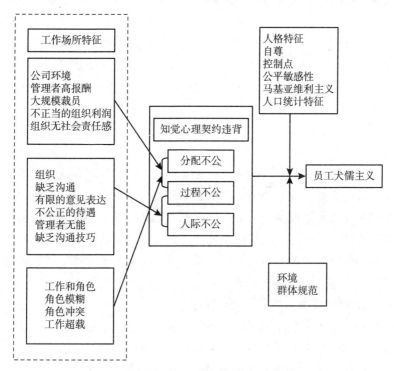

图7-3　基于心理契约违背框架的员工犬儒主义模型

资料来源：Andersson, L. M. (1996). Employee cynicism：An examination using a contrat violation framework. Human Relations, 49 (11). P. 1405.

从图7-3中可以看出，工作场所特征中的公司环境、组织、工作和角色等影响员工犬儒主义，但依赖"知觉心理契约违背"这一中介变量，员工感觉在组织中受到分配不公、过程不公和人际不公等不公正待遇，同时，人格特征和环境特征调节犬儒主义水平。

四、组织变革犬儒主义

按照犬儒主义的情境说，将犬儒主义聚焦于变革情境下就形成变革犬儒主义。组织变革犬儒主义是个体对组织变革缺乏信心，并对组织未来发展所持有的悲观态度。探讨变革犬儒主义的文献资料相对更加稀少，仅是近几年国内学者才开始探讨的一个领域。

随着外部环境的不断变化，企业流程再造、战略联盟、组织结构调整、扁平化、企业并购等导致的员工职位变动、利益重新调整甚至裁员等频现，组织成员不能从工作中寻求稳定，不断变化在刺激他们的容忍底线，对个人及组织未来前景的担忧使其不能正确看待组织变革的必要性，认为组织变革有可能会失败，很悲观，同时，对组织变革领导者推动组织变革的能力产生怀疑，认为变革管理者缺乏必要的变革技能，更不能保证组织变革的成功，因此，这种悲观态度会贯穿组织变革始终。组织变革犬儒主义者的消极态度还具有感染性，会引起其他成员的连锁反应，对组织变革形成巨大的阻碍，因此，研究组织变革犬儒主义，减少变革犬儒主义态度对于有效推进组织变革具有重要意义。

1. 组织变革犬儒主义的形成原因

组织变革犬儒主义是员工个体对组织变革的成功性持悲观态度，并对组织变革领导者推动变革的动机和/或能力不信任的一种表现，丁奕等（2008）从组织变革的情景因素、组织曾经变革的不成功经历、犬儒特质的影响和组织领导的影响因素等四个方面分析了组织变革犬儒主义的诱因。杨欢等（2014）分析了组织变革过程中员工犬儒主义的形成机理，如图 7-4 所示，同时指出可以在组织变革时期通过提供充足有效信息、加强部门间沟通和管理者积极与员工互动等措施来应对组织变革中的犬儒主义。

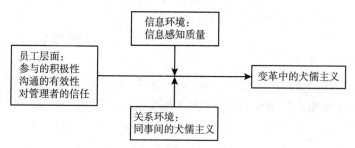

图 7-4　变革中的犬儒主义形成机理

资料来源：杨欢，李焕荣．组织变革过程中员工犬儒主义的形成机理研究［J］．商业时代，2014（2）：pp. 102-103.

变革犬儒主义来源于组织变革、变革领导者和员工个体等三个因素。

（1）组织变革事件本身。组织变革对员工形成一定的变革压力，在变革压力面前，员工心理上产生不安全感，对未来充满忧虑，当压力大到一定程度时，便产生变革犬儒主义，这也是员工的一种自我保护行为，不屑一顾的态度和逃避的行为让员工感觉远离了不安全感（闻桦，2007）。

同时，Qian 等人认为员工对信息的感知质量、对管理者的信任能显著预测变革犬儒主义。Reichers、Wanons 等的研究都表明，组织曾经经历的变革不成功/失败会增强变革犬儒主义水平。

（2）组织变革领导者因素。变革犬儒主义产生的一个重要原因是员工对变革领导者信心不足，持怀疑态度。他们怀疑变革领导者推动变革的原因与动机，怀疑领导者变革的能力。因此，变革领导者是影响员工变革犬儒主义的关键因素。

（3）员工个体因素。变革犬儒主义同样存在特质说与情境说两种观点，但犬儒特质确实能够影响变革犬儒主义水平。有研究表明，员工的个性犬儒水平较高时，他们会感知更多的组织政治行为，对组织更为不满，个性犬儒正向影响员工变革犬儒主义。

2. 组织变革犬儒主义的管理策略

多数学者认为，变革犬儒主义者不愿意参与组织变革，甚至抵制变革，或是有些并不抵制组织变革，但他们对变革领导者持消极态度，消极情绪影响个体，影响领导者甚至整体变革气氛。因此，在组织变革时期需要关注员工的犬儒主义态度，可以通过领导者自身增强变革领导力、加强沟通和增强心理契约等措施加以管理。

（1）领导者自身增强变革领导力。犬儒主义可能来源于员工对变革领导者能力的不信任，认为领导者缺乏领导变革的能力，不能成功领导变革，将变革进行到底，这可能是由于员工的原因，但从另一个角度，也激励领导者必须加强自身修养，锤炼领导变革的能力。

Wanons（2000）的研究发现，当组织管理者在变革中表现的领导力越强，员工的组织变革犬儒主义越少。德鲁克认为，作为变革的领导者，并不仅仅是愿意接受新的、不同的事物，还需要有意愿和能力来改变现行做法。它需要制定出"由现在创造出未来"的策略。Kotter 的研究表明，成功的组织变革有 70%～90% 由于变革领导成效，还有 10%～30% 是由于管理部门的努力。因此，组织变革时期，领导者需要增强自身的变革领导力。第一，向员工充分解释变革的原因；第二，注意自身的言行举止，能在变革中起德行垂范的作用。

（2）变革领导者关心员工。第一，变革犬儒主义是员工对变革的消极态度，做好沟通工作，让员工充分了解变革的信息非常关键。在变革的实施过程中，管理者要及时提供信息给员工，并保证每个人都能获得充足的变革信息。管理者在提供信息的同时，应该向员工解释变革的必要性和变革可能的结果，使员工充分了解变革，对变革产生积极态度。同时，多创造机会鼓励部门内部的沟通，以及部门之间的协调与沟通。第二，变革领导者注意倾听员工心声。员工不信任变革领导者，领导者应该多与员工交流，不能总是发号施令，要多倾听，关心员工的心理状态及内在需求。培养倾听能力是非常重要的，真正的沟通高手首先是一个热衷于聆听的人。

（3）增强与员工之间的心理契约。研究表明，知觉到的心理契约违背是影响变革犬儒主义的重要中介变量，因此，变革期需要增强与员工之间的心理契约。

心理契约（psychological conlracl）最早由组织心理学家 Argyris 提出，他在其《理解组织行为》一书中使用"心理的工作契约"来描述工厂雇工与工头之间的关系。员工与组织的相互关系除了正式的经济契约（劳动契约）规定的内容之外，还存在着隐含的、非正式的、未公开的相互期望，它们构成了心理契约的内容。心理契约违背则是指与对组织没有充分履行心理契约的信念相伴随的强烈情绪和情感体验，其核心是愤怒和失望，源自个体感觉组织背信弃义或自己受到了不公正的对待。

心理契约违背的结果对组织变革非常不利。组织的招聘活动会影响员工初期的心理契约感知与构建。招聘活动的宣传信息是影响职工心理契约内容的外生性变量，因此组织的招聘宣传信息要保证真实不浮夸，尤其是不能夸大薪酬待遇等激励因素；同时，组织在启动招聘活动之前要有明确的招聘说明书，以作为招聘合格人员的标准和依据并对参加招聘活动的组织人员进行专业的培训，以减少组织因招聘到的人员不符合其标准而单方面的引起心理契约违背。另外，培训能够帮助组织和员工不断界定和修正心理契约，这也是组织与员工增强沟通和减少信息不对称的有效途径。在变革时期，定期进行员工培训，给员工传递一种组织打算长期保持雇佣关系的信号，让员工消除不稳定、有可能被"炒鱿鱼"的心理顾虑，降低变革犬儒主义水平。

第五节　变革认知视角的研究

变革与创新是组织应对环境变化的必然选择，员工的积极变革反应是微观领域研究组织变革的热点问题。根据认知行为理论，变革反应是建立在变革认知基础上的，因此，可从组织变革认知视角激发员工的积极变革反应，具体包括塑造变革型领导风格、增强个体变革特质、关注员工变革图示和培养创新氛围等几个方面提高员工对于变革的感知度，激发积极变革反应。

在竞争日益激烈，外部环境动态性日益增强的时代，变革早已不是陌生词汇，甚至已成为组织的常态化行为，变革管理也成为组织管理理论界研究的热点问题。组织通过结构、技术或人员的变革，目的是增强自身的竞争力，组织得以更好发展。但有研究表明，组织变革的失败率居高不下，很难达到预期效果。理论研究未能有效落地。梳理后发现，针对组织变革的研究大多从宏观、系统的角度探讨变革的管理问题，组织变革的成功并不是单纯依靠缜密的变革计划，参与变革的员工是变革成功的关键，于是近几年变革管理从宏观视角开始深入微观视角进行研究，员工变革反应就是其中的一个焦点问题。员工变革反应是员工对待变革的态度与行为表现。根据认知行为理论，人首先对事物进行特征等方面的了解，形成一定的认知，继而决定采取何种态度与行为。因此，员工变革反应是建立在员工对组织变革进行认知的基础上的，然而，当前基于组织变革认知的研究还不够深入细致，有很大的研究空间。

同时，员工变革反应包括对组织变革有利的正面反应，也包括不利的负面反应，积极的、正向的反应是在组织变革时期管理者希望看到的，员工积极配合，甚至主动参与、对变革建言献计可以从很大程度上培养组织的变革气氛，提高变革的成功率，因此，有必要探讨激发员工的积极变革反应的对策，以提高员工对变革的支持度，更好推进组织变革。

探讨员工变革反应的目的是得到一定的现实启示和实践建议，更好推动组织变革，因此，积极变革反应对变革有更直接的推动作用，在研究中将员工变革反应分为两种：积极变革反应和非积极变革反应，积极变革反应包括积极的认知、积极情绪以及行为上的积极配合三个层次。积极变革反应是变革期管理者希望看到的，对变革起到正向的推动作用，激发员工积极变革反应也成为变革时期员工管理的重要任务。

一、组织变革认知

组织变革认知是近几年学者才开始予以关注并逐渐重视起来的一个研究课题，梳理相关文献，当前研究主要集中在组织变革认知的内涵、维度划分和形成机制等方面。

陈烨于 2007 年明确提出了"组织变革认知"这一概念，还有一些学者使用类似概念"员工对组织变革的认知"（徐桂华，2010）、"组织变革知觉"（冯晓玲，2011）和"组织变革感知"（刘思亚，2014）。对变革认知的定义，有学者总结为两类：心理过程说和认同程度说，也有学者归纳为四种：观点说、认同程度说、变革知觉说和心理过程说。其中，近几年最新研究成果中有代表性的观点如表 7 - 5 所示。可以看出，不论是认同程度说还是知觉说，学者大多从自己研究的视角理解组织变革认知的内涵，至今未形成一致结论。

表 7 – 5　　　　　　　　　　　组织变革认知的定义

	学者（观点年代）	组织变革认知定义
认同 程度说	吴毓婷（2009）	组织变革的员工基于自身对组织及组织变革信息的理解，而产生的对组织变革的认同程度
	徐桂华（2010）	员工对变革所持有的看法及其效应认同的程度
	季伟灵（2011）	组织中的员工基于自身的学识和分析判断能力对组织变革相关信息的理解，以及对组织变革的认同和主观参与程度
	孙利婷（2015）	员工对变革的认识、感受和评价，这种认识、感受和评价主要是基于对组织变革的认同程度而产生的：个体认为组织变革是有益的，变革能给自己和组织带来发展
变革 知觉说	曾贱吉、胡培、 蒋玉石（2011）	组织变革知觉是员工在面对组织未来的变革时，对自己未来社会地位、工作安全的感知
	宋凤宁、黎玉兰、 廖姣宁（2013）	组织变革认知是指组织成员对组织变革过程、目的所持的态度和理解
	杜旌（2014）	员工变革认知是指员工对变革必要性和重要性的理解和认识
	曾贱吉、欧晓明 （2015）	组织变革认知是指员工在组织变革过程中，对变革的必要性、特征、目的、价值、实施效果、影响作用等方面的感知和认同程度
观点说	林文珏（2010）	组织成员受变革刺激，根据自身经验模式形成的对组织环境、组织变革及组织成员的观点，个体通过对变革的认知，选择在变革中采取的态度和行为

资料来源：作者根据相关资料整理。

　　相对于组织变革认知内涵的研究，组织变革认知影响因素、形成机制的研究则显得很单薄，需要深入探索。对组织变革认知影响因素的研究，有代表性的是石伟等（2008）从影响组织变革中员工反应角度界定了四项因素，分别是：认知评价、个体差异、群体差异和组织气氛。而蒋衔武等（2009）认为变革性质、员工个人变量、管理者变量和组织变量四类因素会影响变革认知。张婕、樊耘、纪晓鹏（2013）从员工感知角度探讨组织变革四因素变革情境、变革过程、变革内容和变革结果与员工变革反应之间的关系，得到员工感知到的组织变革因素对员工变革反应的影响机制模型。

对于组织变革认知的形成过程，有学者基于图示理论进行分析。甘颖琳（2014）指出，人们通过图示形成对事物的认知，图示是形成认知的核心，是"个体进行意义建构的基础"。图示的认知结构分为三种：因果认知结构、价值认知结构和推论认知结构，相应地，变革图示包括变革凸显性（change salience）、变革效价（change valence）和变革推理（change inference）三个维度。变革凸显性是指员工对变革必要性和重要性的认知，变革效价是员工对变革能否给自身带来利益的判断，变革推理指员工对变革带来的风险的预期。

对于组织变革认知的结果，目前研究集中于组织变革认知所带来的员工工作压力、工作满意度、变革支持和工作绩效等方面。其中，从员工对组织变革支持的角度看，张启航（2010）通过实证研究，得出结论：组织变革认知对员工的变革支持具有显著的正向预测作用，而积极的变革认知与支持的立场呈正相关关系。

二、员工积极变革反应形成机理

1. 员工变革反应影响因素

Terry、Callan（2000）在员工组织变革适应模型中提出，员工变革反应取决于变革事件特性与员工应对性资源两个方面的因素。国外学者Kanter、Mirvis（1989）提出20世纪的美国社会制度和环境的变动会影响到员工的组织犬儒主义态度的观点，Feldman（2000）也验证了宏观环境与犬儒主义的关系，他认为组织结构的变化会导致大规模裁员和动荡的宏观环境，因而会提升员工的组织犬儒主义水平。国内学者朱其权（2011）、蒋衍武（2009）、李焕荣（2013）等也探讨了影响员工变革反应的因素。

2. 基于变革认知的员工变革反应形成机理

根据认知行为理论，员工的态度与行为反应都是建立在对事物认知基础上的，因此，四类因素影响知识型员工积极变革反应的过程中间也需要经过员工对组织变革的认知过程，组织变革认知包括变革凸显性、变革效价和变革推理三个维度，员工是在对四类影响因素进行认知的基础上形成组织变革认知，继而形成对变革的反应，如图7–5所示。

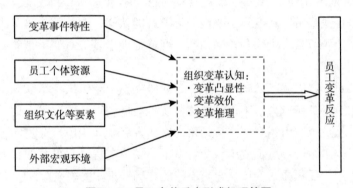

图 7 – 5　员工变革反应形成机理简图

变革管理因素中的领导风格、员工个体特质、组织结构与文化和外部氛围等因素都会影响到员工变革反应。在基于变革认知的员工积极变革反应形成过程中，权变式领导、个体特质、创新型文化和有机式结构对组织变革认知具有正向影响，继而会形成积极变革反应，如图7–6所示。

（1）权变式领导。在对变革反应影响因素的研究中，领导行为受到较多学者的关注（朱其权，2013；杜旌，2013；甘颖琳等，2014），实证研究表明，变革型领导行为与员工的变革态度呈正相关关系。严瑞丽、朱兵（2011）针对知识型员工对领导行为的要求，从德行垂范、领导魅力、愿景激励、智力激发和个性化关怀五个方面分析了变革型领导风格对知识型员工的适应性，得出变革型领导风格是"对知识型员工领导方式的最佳选择"。

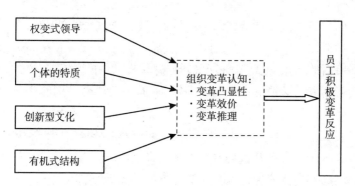

图 7 - 6　基于变革认知的知识型员工积极变革反应形成机理

领导理论的研究从领导者的特质开始，然后到最优的领导风格，再到权变式领导理论。权变式领导理论认为，不存在一种最优的领导行为，只有领导风格与情境相匹配的情况下，才能得到较好的领导效果，这种"没有最好，只有适合"的观点在当今时代依然可以广泛应用。

（2）员工个体特质。自我效能是人们对自己是否有能力组织并采取行动以产生某种特定结果的一种信念，而变革自我效能是组织变革时期员工对自己应对变革挑战的信心，相关研究也认为，变革自我效能可以对个体积极变革反应起到预测作用。现在的员工本身受到良好的专业教育，如果能够具有更强的变革自我效能，判断自己完成变革任务的可能性更大，就会更有可能支持变革。但如果有更多的外在支持，就会提高变革自我效能水平。同时，具备主动性人格的员工在变革时期建言献计的可能性也会增大。

（3）创新型文化。当前员工本身更多从事创造性工作，工作结果带有很强的创新性，组织氛围的影响作用更大，鼓励创新，大胆改革的文化会更容易激发员工的工作热情。在组织变革时期，变革的方向是鼓励包容，而不是遏制，员工会更多表现出支持变革的态度与行为。

（4）有机式结构。组织结构规定了职位的职责和职权，员工更喜欢灵活的工作安排，有机式结构适应了这一要求。在组织变革时期，灵活的结构会赋予员工更多的选择权，更方便的工作方式，对于员工而言，这种组织结构设计会更适应其对组织结构的要求。

需要说明的是，对于一般员工来说，外部宏观环境不会直接和其产生联系，但信息时代不断拉近人类与外部环境之间的距离，相较以前时代，更容易感受到外部环境的变化，对组织的变革环境知觉程度高，会更加理解组织变革的必要性，支持组织变革。

三、基于变革认知激发员工积极变革反应的管理建议

员工的积极变革反应对于推动组织变革具有重要意义，基于变革认知视角可从采取权变式领导风格、增强个体变革特质、关注员工变革图示和培养创新氛围等几个方面提高员工对于变革的感知度，激发积极变革反应。

1. 采取权变式领导风格

组织变革时期，领导者应从领导魅力、感召力、智力激发和个性化关怀四个方面塑造变革型领导风格。在组织变革时期，变革信息的传递、变革计划的执行都是从上到下沿着组织的等级链进行，员工感受、参与变革，最直接的信息来源是与其直接联系的领导者，可以说，领导者是组织变革的代言者，领导者的领导风格将直接影响员工对组织变革的感知。员工的需求不同，变革的情境不同，应该根据不同情况采取相应的领导风格。

　　菲德勒（F. E. Fiedler）提出了有关领导的第一个综合的权变模型。他认为，领导方式均可能有效，其有效性完全取决于所处的环境是否适应。他确定了三个情境变量：上下级关系、任务的结构、职位权力，进行情境判断，选择任务导向型或关系导向型的领导方式。罗伯特·豪斯（Robert J. House）提出的路径目标理论认为，领导者的工作是帮助下属达到他们的目标，并提供必要的指导和支持，以确保各自的目标与群体或组织的总目标一致，提倡根据下属的特点（控制点、经验和知觉能力）和环境因素（任务结构、正式权力系统和工作群体）来选择领导方式。科曼（Karman）提出的领导生命周期理论认为应结合下属的成熟程度（工作成熟度和心理成熟度）来确定领导风格。

　　不同的权变领导理论告诉我们，必须根据不同情境选择合适的领导方式，科林·卡纳尔总结出了领导力权变方法，如图7-7所示，在组织变革时期，我们也应该采取权变式领导风格。

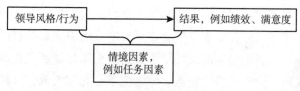

图7-7　领导力权变方法

资料来源：[英] 科林·卡纳尔著，皇甫刚译. 组织变革管理（第5版）[M]. 北京：中国人民大学出版社，2015：P. 128.

2. 增强个体变革特质

　　员工变革反应影响因素中，领导者、组织结构以及组织文化都为外因，员工的个体特质是内因，内因往往起根本作用，因此，要激发员工的积极变革反应，知识型员工具备良好的变革特质是最关键的因素。

　　彭移风等（2008）探讨了变革期影响员工心理应付的人格因

素：控制源、自我效能、自尊、积极情感、开放性、容忍力、主动积极性和灵活冒险性等。同时，唐杰等（2012）首次检验了价值观匹配显著影响员工应对组织变革的策略选择，"个人—组织匹配会直接影响员工的建言行为"。因此，在组织变革时期，组织需要具备变革特质的员工，这一方面可以从招聘环节加以控制；另一方面对员工予以各方面的同事支持、组织支持，以及培训相应变革技能等，可以增强员工应对变革的能力储备，培养良好的组织氛围。

3. 关注员工变革图示

变革图示为个体形成组织变革认知提供了一个框架，在变革时期，员工对得到的变革信息进行整理，形成自己对于变革的解释、理解和判断。因此，基于变革认知激发员工积极变革反应，员工的变革图示是关键因素。管理者要了解员工的认知特点，畅通沟通渠道，给员工提供理解组织变革必要性、变革过程和变革结果的所有信息，防止不利于变革认知的情况出现。

4. 培养组织创新文化

员工喜欢相对宽松的工作环境，良好的组织氛围对于他们充分施展个人才华，发挥个人价值有重要影响。组织变革的目的是更好适应环境，在当前创新的大环境下，组织变革与创新是提高竞争力的必由之路。组织应鼓励创新，鼓励变革，允许失败，这样员工才能更好接受变革，支持变革。同时，组织变革一般是从上到下发起并执行的，组织应该鼓励知识型员工的自发主动性变革行为，因为在变革与创新文化氛围的熏陶下，员工完全有能力展现更多主动性变革行为，为组织建言献策。

员工积极变革态度与行为是组织变革时期管理者关注的焦点，本研究基于变革认知视角探讨了相应的激发对策，但在分析过程中是从员工变革反应影响因素角度探讨了影响组织变革认知的因素，同时，只是分析了其中的领导风格、个体特质、组织结构和组织文化四个具体因素，员工变革反应具体影响因素与形成机理仍有待进一步探讨。

第六节 变革公平

专门探讨变革公平的文献极少。朱其权、龙立荣（2011）综合西方学术界对变革公平的认识后认为，变革公平反映了人们对组织变革事件推进过程公平性的认知，变革公平感取决于变革事件特性和应对性资源两个因素，也会决定变革承诺、变革开放性和变革支持等变革反应，同时影响对组织与工作的反应。该篇文献同时提出未来需要进行本土化研究、增强对变革公平前因变量的探索以及关注本土文化调节变量如权力距离和中庸思维等。

组织公平包括程序公平、信息公平、分配公平和人际公平等，与员工变革反应显著正相关。具体而言，程序公正能对领导——成员关系，消极情绪和组织认同进行预测；分配公正能对消极情绪、控制应对和对变革的抵制进行预测；互动公正能对领导——成员关系和控制应对进行预测。领导——成员交换关系对组织公平和员工变革反应的关系具有部分中介作用。同时，领导——成员交换关系能够部分中介作用于组织公正与组织认同等。

本章小结

多年来，组织变革的研究视角一直处在比较宏观的领域，如组织变革的过程研究、动力与阻力研究、变革惯性研究等，诸多理论在指导实践中的组织变革时仍存在着无法有效对接的情况，另外，随着理论研究的深入，微观视角——变革中的个体视角逐渐得以确立，并引起越来越多学者的关注。员工变革反应就是微观视角确立后研究的关键问题。

员工变革反应正是员工对组织变革的态度与行为表现，当前对员工变革反应的研究主要集中在变革反应的类型与影响因素、变革反应形成机理及员工变革反应的管理对策等几个方面，具体包括变革承诺、变革犬儒主义、变革公平等。

当承诺指向组织变革时，即为变革承诺。员工变革承诺包含三个维度，即变革情感承诺（affective commitment to change）、变革持续承诺（continuance commitment to change）和变革规范承诺（normative commitment to change）。变革承诺受个体因素和组织因素两方面的共同影响，但主要分析了从组织管理者层面采取的管理措施，具体包括塑造变革型领导风格、提升员工自我效能感、建立变革参与机制与提供尽可能的组织支持等。

组织变革犬儒主义是个体对组织变革缺乏信心，主要表现在对组织变革的成功缺乏信心，很消极，甚至持悲观态度，而且对组织变革的管理者持怀疑不信任态度。在组织变革时期需要关注员工的犬儒主义态度，可以通过领导者自身增强变革领导力、加强沟通和增强心理契约等措施加以管理。

变革与创新是组织应对环境变化的必然选择，员工的积极变革反应是微观领域研究组织变革的热点问题。根据认知行为理论，变革反应是建立在变革认知基础上的，因此，可从组织变革认知视角激发员工的积极变革反应，具体包括采取权变式领导风格、增强个体变革特质、关注员工变革图示和培养创新氛围等几个方面提高员工对于变革的感知度，激发积极变革反应。

参 考 文 献

[1] 彭剑锋，蔡菁.IBM变革之舞 [M]. 北京：机械工业出版社，2013.

[2] 蒋衔武，陆勇.企业员工对组织变革的反应模型分析 [J].商业研究，2009，(5)：71－73.

[3] Thomas Biedenbach & Anders Soderholm，李文静，王慧译.超级竞争行业组织变革的挑战：文献综述 [J].管理世界，2010，(12)：155－163，167.

[4] 张钢，张灿泉.基于组织认知的组织变革模型 [J].情报杂志，2010，29 (5)：6－11.

[5] 高天鹏.基于管理熵的组织变革模型研究 [J].西南民族大学学报（人文社会科学版），2010，(10)：171－174.

[6] 陈麒.组织变革困境：成因与对策——文化刚性的观点 [J].中华文化论坛，2011，(3)：163－168.

[7] 王玉峰，金叶欣.组织变革情境下的应对研究：一个新的议题 [J].贵州社会科学，2013，287 (11)：50－55.

[8] 朱其权，孙海法，罗攀峰，刘梦涛.国外组织变革能力研究述评 [J].中国人力资源开发，2015，(17)：30－37.

[9] 曾贱吉，欧晓明.组织变革认知对企业员工工作态度的影响及其作用机制 [J].企业经济，2015，(4)：97－103.

[10] 孟范祥，张文杰，杨春河.西方企业组织变革理论综述 [J].北京交通大学学报（社会科学版），2008，(4)：89－92.

[11] 周三多. 管理学 [M]. 北京：高等教育出版社，2014.

[12] 张德. 组织行为学 [M]. 北京：高等教育出版社，2011.

[13] 张晓东，朱占峰，朱敏. 规则管理与组织变革综述 [J]. 工业技术经济，2012，(9)：152-160.

[14] [美] 斯蒂芬·P·罗宾斯，玛丽·库尔特住，孙健敏，黄卫伟，王凤彬，焦叔斌，杨军译. 管理学（第7版）[M]. 北京：中国人民大学出版社，2004.

[15] 曾楚宏，林丹明. 国内外关于当前企业组织变革的研究综述 [J]. 经济纵横，2003，(5)：44-47.

[16] 齐振宏. 企业组织变革研究 [D]. 华中农业大学，2002.

[17] 伊恩·帕尔默（Ian Palmer）、理查德·邓福德（Richard Dunford），吉布·埃金（Gib Akin）著，金永红，奚玉芹译. 组织变革管理 [M]. 北京：中国人民大学出版社，2013.

[18] [美] 约翰P. 科特，丹S. 科恩著，刘祥亚译. 变革之心 [M]. 北京：机械工业出版社，2014.

[19] Achilles A. Armenakis，Arthur G. Bedeian，陈福军，吴晓巍（译），组织变革：20世纪90年代的理论与研究综述 [J]. 管理世界，2010，(10)：158-166.

[20] 白艳. 基于系统观的西方企业组织变革模型研究 [J]. 商业时代，2011，(4)：87.

[21] 周三多，陈传明. 管理学 [M]. 北京：高等教育出版社，2010.

[22] 王东强，于洪卫. 组织变革下员工沉默的诱因和管控 [J]. 中国人力资源开发，2009，(6)：36-38.

[23] 李作战. 从组织变革中的员工支持模型看组织变革的障碍因素 [J]. 现代管理科学，2007，(11)：42-44.

[24] 宋华剑. 员工援助计划如何提高企业核心竞争力——基于其在组织变革中的作用 [J]. 商场现代化，2010，(2)：78-80.

［25］彭移风，宋学锋．组织变革中影响员工心理应付的人格因素及管理对策［J］．中国人力资源开发，2008，(6)：23－26.

［26］王黎，张建新．从人格特质角度看管理人员应付组织变革［J］．心理学动态，2000，8 (4)：57－62.

［27］唐杰．组织变革情境下的员工应对策略研究——内涵、维度、前因与结果［J］．华东经济管理，2010，24 (7)：111－114.

［28］唐杰，石冠峰．探析员工应对组织变革的维度结构：综述与理论模型构建［J］．现代管理科学，2012，(6)：107－110.

［29］张庆瑜，井润田．组织变革期企业的人员流动影响因素的实证研究［J］．管理学报，2006，3 (4)：482－487.

［30］储小平，盛琼芳．组织变革、心理所有权与员工主动离职研究——兼论 Lee 和 Mitchell 的员工离职展开模型［J］．中山大学学报（社会科学版），2010，50 (3)：156－163.

［31］李琪．组织变革与人力资源管理策略研究［J］．上海经济研究，2007，(8)：82－83.

［32］刘文涛．促进组织变革的人力资源管理策略探讨［J］．商业时代，2010，(28)：97－107.

［33］张鑫，刘洪．组织变革中的人力资源协同管理［J］．江西社会科学，2008，(12)：238－239.

［34］张永生．驱动组织变革的员工自我绩效管理［J］．中国人力资源开发，2008，(6)：17－19.

［35］刘钢，葛宝山，何丹薇．创业企业组织变革与人力资源管理实践——基于中国企业管理经验的实证分析［J］．东北师大学报（哲学社会科学版），2010，(4)：30－33.

［36］柯健，裴亮亮．组织变革中的人力资源管理对策［J］．中国人力资源开发，2008，(6)：10－13.

［37］刘树奎．论组织变革中的人力资源管理［J］．管理观察，2008，(7)：150－152.

［38］黄丹樨．人力资源管理在组织变革中的核心作用［J］．商业研究，2005，（19）：67－68.

［39］赵国军．薪酬管理方案设计与实施［M］．北京：化学工业出版社，2009.

［40］［美］彼得·德鲁克著，齐若兰译，管理的实践［M］．北京：机械工业出版社，2009.

［41］杜娟．浅析组织变革与员工职业生涯管理［J］．新疆社科论坛，2004，（6）：71－73.

［42］［美］斯宾塞·约翰逊著，吴立俊译．谁动了我的奶酪［M］．北京：中信出版社，2001.

［43］宋亚金．组织惯性的形成机制探究［J］．现代商业，2014，（24）：187－188.

［44］王龙伟，李垣，王刊良．组织惯性的动因与管理研究［J］．预测，2004，23（6）：1－4，42.

［45］汪克夷，冯海龙．组织学习、惯性演化与企业战略变革［J］．经济经纬，2009，（5）：92－95.

［46］丁德明，茅宁，廖飞．组织惯性、激励机制与新型企业的治理实践［J］．经济管理，2007，（5）：39－43.

［47］赵杨，刘延平，谭洁．组织变革中的组织惯性问题研究［J］．管理现代化，2009，（1）：39－41.

［48］简兆权、刘益，战略转换过程中的组织惯性及其经济学分析［J］．数量经济技术经济研究，2001，（5）：55－58.

［49］陈扬，陈瑞琦．基于惯性视角的企业变革能量损耗影响因素研究：一个概念模型［J］．科技进步与对策，2011，28（6）：94－98.

［50］靳云汇、贾昌杰．惯性与并购战略选择［J］．金融研究，2003，（12）：90－96.

［51］廖冰，欧燕．基于企业生命周期的组织惯性影响因素动

态研究 [J]. 商业时代, 2012, (17): 89 – 91.

[52] 方晓波. 组织惯性对利用外部互补资产的抗力及其消除机制研究 [J]. 科技管理研究, 2012, 32 (12): 224 – 226.

[53] 范冠华. 组织内关键人物对组织变革的影响——基于组织惯性的视角 [J]. 理论与现代化, 2012, (2): 115 – 119.

[54] 宋亚金. 服务企业中组织惯性、组织学习与组织绩效的关系研究 [D]. 东华大学, 2015.

[55] 许小东. 组织惰性行为初研 [J]. 科研管理, 2000, 21 (4): 56 – 60.

[56] 白景坤. 基于组织惰性视角的组织理论演进路径研究 [J]. 经济与管理, 2007, 21 (12): 32 – 36.

[57] 于爽. 组织惰性影响因素动态研究——西安国有企业实证研究 [D]. 西安工业大学, 2012.

[58] 黄知然. 组织惰性、管理变革与组织绩效的关系分析 [J]. 成都纺织高等专科学校学报, 2013, 30 (3): 14 – 17.

[59] 张薇. 企业变革性成长中的组织惰性行为及其干预 [J]. 中国人力资源开发, 2009, (6): 47 – 49.

[60] 弋亚群, 刘益, 李垣. 企业家的战略创新与群体创新——克服组织惯性的途径 [J]. 科学学与科学技术管理, 2005, 26 (6): 142 – 146.

[61] 孟庆伟, 胡丹丹. 持续创新与企业惯性形成的认知根源 [J]. 科学学研究, 2005, 23 (3): 428 – 432.

[62] 陈立新. 现有企业突破性创新的惯性障碍及其超越机制研究 [J]. 外国经济与管理, 2008, 30 (7): 20 – 25.

[63] 苏博聪. 组织惯性研究文献综述 [J]. 现代商贸工业, 2008, (11): 63 – 64.

[64] 张江峰. 企业组织惯性的形成及其对绩效的作用机制研究 [D]. 西南财经大学, 2010.

[65] 任凤玲，彭启山，崔城. 组织惯性的影响及对策研究 [J]. 统计与决策，2005，(4)：139-140.

[66] 赵锡斌，夏频. 动态环境中企业选择的压力及对策 [J]. 江汉论坛，2004，(5)：41-43.

[67] 孟范祥. 组织惯性对企业组织变革影响机理及系统动力学模型研究 [D]. 北京交通大学，2010：23.

[68] [美] 迈克尔·波特，罗伯特·卡普兰等著，时青靖，陈志敏等译. 大师十论 [M]. 北京：中信出版集团，2015.

[69] 倪奇红. 组织变革中的组织惯性研究——以宁波远东化工集团为例 [D]. 浙江工业大学，2012.

[70] 廖冰，张波，欧燕. 制造业中组织惯性、组织创新与组织绩效关系研究 [J]. 中国人力资源开发，2013，(11)：14-18.

[71] 姜春林，张立伟，谷丽. 组织惯性的形成及其对我国民营企业转型的影响 [J]. 科技管理研究，2014，(20)：108-112，118.

[72] 时雨，刘聪，刘晓倩，时勘. 工作压力的研究概祝 [J]. 经济与管理研究，2009，(4)：101-107.

[73] 刘真真. 组织变革中工作压力形成的内在机理研究 [D]. 东北财经大学，2013.

[74] 傅红，周贺，段万春，刘梦琼. 企业文化变革对新生代员工工作压力影响的实证研究 [J]. 昆明理工大学学报（自然科学版），2015，6 (40)：126-132.

[75] 罗红卫. 企业员工工作压力测量及其干预 [J]. 中国人力资源开发，2010，(8)：37-41.

[76] 张倩. 沉浸体验：组织变革下工作压力的积极结果 [D]. 东北财经大学，2012.

[77] 王玉峰，杨多. 企业组织变革对员工压力的形成机制及压力管理研究 [J]. 贵州社会科学，2014，294 (6)：94-99.

[78] 李宁. 企业变革中的压力管理策略研究 [J]. 中国人力

资源开发，2016，(10)：50 - 52.

[79] 林忠，郑世林，夏福斌，孟德芳．组织变革中工作压力的形成机理：基于国有企业样本的实证研究 [J]．中国软科学，2016，(3)：84 - 95.

[80] 朱少英，凌文辁，陆俊丞．企业压力管理过程模型构建研究 [J]．云南社会科学，2011，(2)：77 - 81.

[81] 马建明．对压力管理的理解及压力与绩效的微观分析 [J]．企业经济，2009，(1)：50 - 52.

[82] Karasek. R. A. , "Job demands, job decision latitude, and mental strain: Implications for job redesign", Administrative Science Quarterly, 1979, Vol. 24. P. 288.

[83] Johnson, J. V. , Hall, E. M. , "Job strain, work place social support, and cardiovascular disease: A cross-sectional study of a random sample of the Swedish working populaition", Amecriman Journal of Public Health, 1998, Vol. 78, P. 1336.

[84] Bakker, A. B. and Demerouti, E. The Job Demands - Resources Model: State of The Art. Journal of Managerial Psychology, 2007, P. 310.

[85] 王重鸣，陈民科．管理胜任力特征分析结构方程模型检验 [J]．心理科学，2002，(5)：513 - 516.

[86] 仲理峰，时勘．胜任特征研究的新进展 [J]．南开管理评论，2003，(2)：4 - 8.

[87] 赵曙明，杜娟．基于胜任力模型的人力资源管理研究 [J]．经济管理，2007，29 (6)：16 - 22.

[88] 崔蕾．企业中层管理者胜任力研究 [D]．南京航空航天大学，2006.

[89] [英] 科林·卡纳尔著，皇甫刚译．组织变革管理（第5版）[M]．北京：中国人民大学出版社，2015.

[90] 朱瑜，凌文辁．组织公民行为理论研究的进展 [J]．心理科学，2003．

[91] 田野，刘兰静，缪丽华．企业压力管理研究综述 [J]．产业与科技论坛，2008，7 (11)：49 - 51．

[92] 徐斌，王蕊．浅议员工的压力管理——基于领导方式匹配的视角 [J]．中国人力资源开发，2011，(6)：61 - 65．

[93] 田美静．组织变革情景下工作积极压力影响因素研究 [D]．北京邮电大学，2015．

[94] 鞠蕾．组织变革对员工工作压力影响机制实证研究 [D]．东北财经大学，2012．

[95] 刘颖何．企业员工的压力分析与管理策略——以"80后"员工为研究对象 [D]．西南财经大学，2013．

[96] 于唤洲，刘杰．高新技术企业员工知觉压力、沟通能力与离职倾向研究——基于结构方程模型的实证分析 [J]．河北大学学报 (哲学社会科学版)，2014，39 (5)：18 - 23．

[97] 杨廷忠，黄汉腾．社会转型中城市居民心理压力的流行病学研究 [J]．中华流行病学杂志，2003，24 (9)：760 - 764．

[98] 张丽辉．组织变革下的工作资源与积极工作压力：以学习机会为中介变量的研究 [D]．东北财经大学，2015．

[99] 王建民，柯江林，徐东北．国际化战略中的中国企业高管团队胜任力实证研究 [J]．东南大学学报 (哲学社会科学版)，2015，17 (2)：52 - 63，147．

[100] 康飞，张水波．项目经理胜任力研究：现状及展望 [J]．天津大学学报 (社会科学版)，2013，15 (1)：35 - 40．

[101] 冯红英．基于胜任力模型的国企高管激励体系构建 [J]．中国人力资源开发，2015，(18)：53 - 62．

[102] 谌珊．企业中层管理者胜任力模型研究 [J]．贵州财经大学学报，2015，(5)：104 - 109．

[103] 邓会勇，葛新权．高新技术企业基层主管胜任力测度模型研究 [J]．北京社会科学，2016，(3)：77－83.

[104] 贾建锋，付永良，孙年华．知识型员工胜任特征模型研究的总体框架 [J]．科学学与科学技术管理，2009，(8)：166－171.

[105] 朱永跃，夏正晶，王剑程，马志强．营销人员胜任力、组织支持与工作幸福感关系研究——基于制造业服务化转型视角 [J]．北京社会科学，2014，19 (6)：124－132.

[106] 杨丰瑞，赵明．IT 企业研发人员胜任力模型的构建及其在招聘中的应用 [J]．北京市经济管理干部学院学报，2008，23 (2)：31－36.

[107] 胡艳曦、官志华．汽车4S店销售经理胜任力模型构建的实证研究 [J]．商场现代化，2009，(1)：307－309.

[108] 丁秀玲．基于胜任力的人才招聘与选拔 [J]．南开学报 (哲学社会科学版)，2008，(2)：134－140.

[109] 林朝阳，吴婷．基于胜任力的员工招聘探讨 [J]．企业经济，2010，(3)：66－68.

[110] 高明府．基于胜任力构成模型的招聘模式比较 [J]．中国人力资源开发，2012，(3)：48－50.

[111] 马可一．基于技能与胜任力的薪酬计划 [J]．中国人才，2004，(1)：72－73.

[112] 周二华，郝翔．基于胜任力的薪酬模式在中小知识型企业中的应用 [J]．科技进步与对策，2005，(9)：65－67.

[113] 郑刚，曾方芳．基于胜任力的薪酬方案设计研究 [J]．科技管理研究，2007，(2)：113－115.

[114] 罗金莉，徐顺通，齐刚．公务员内部薪酬差距控制与胜任力激发关联性研究——基于一线调研数据的实证分析 [J]．河北大学学报 (哲学社会科学版)，2011，36 (6)：116－121.

[115] 钱海婷．基于胜任力的绩效评价模式 [J]．西安科技大

学学报，2006，26（1）：133 –136.

[116] 侯奕斌，凌文辁. 构建基于胜任力的绩效管理体系 [J]. 商业时代，2006，（25）：57 –58.

[117] 刘晓英. 基于胜任力的企业高层管理人员绩效评价体系研究 [J]. 企业经济，2011，（1）：80 –82.

[118] 徐峰. 人力资源绩效管理体系构建：胜任力模型视角 [J]. 企业经济，2012，（1）：68 –71.

[119] 王丽娜，车宏生，刘晓梅，张伟. 家电销售人员胜任特征模型建构 [J]. 心理科学，2011，34（2）：494 –498.

[120] Charles Margerison. Team performance management: an international journal [J]. Emerrald Insight. 2001，（7）：95 –113.

[121] 龚劲锋，王益宝. 胜任力研究综述与展望 [J]. 经济论坛，2009，（8）：98 –101.

[122] 冯华，杜红. 创业胜任力特征与创业绩效的关系分析 [J]. 技术经济与管理研究，2005，（6）：17 –18.

[123] 李亚兵，文秋香，苏梅. 营销团队胜任力与绩效关系研究——以日化企业为例 [J]. 开发研究，2015，（6）：166 –169.

[124] 项成芳. 胜任力的理论与实证研究——南京市国有企业高层管理者的胜任力模型 [D]. 南京师范大学，2003.

[125] 陈捷. 组织中的工作压力来源及其管理 [J]. 北京工商大学学报（社会科学版），2005，（5）：34 –38.

[126] Derek Rollinson, Aysen Broadfield, David J Edwards. Organisational Behaviour and Analysis [M]. ADDISON – WESLEY, 1999：265 –289.

[127] 徐世勇，李钢. 我国科技工作者工作压力状况的实证分析与启示 [J]. 生产力研究，2005，（1）：127 –128.

[128] 付冷冷. 知识员工的压力管理 [J]. 科学管理研究，2003，（4）：96 –98.

[129] 郭洋，张小林. 科学的实施压力管理系统和 EAP 策略 [J]. 技术经济与管理研究，2005，(6)：87 – 88.

[130] 任再稳，周银珍. 职业压力管理——现代企业人本管理的新视野 [J]. 科技情报开发与经济，2005，15 (21)：221 – 222.

[131] 刘军，苏方国. 中国人力资源管理前沿 [M]. 北京：中国经济出版社，2006.

[132] 任文举. 企业员工压力管理探索 [J]. 兰州商学院学报，2004，20 (6)：90 – 95.

[133] 蒲德祥，杨卫星，冯学银. 企业员工工作压力相关因素研究 [J]. 信阳师范学院学报（哲学社会科学版），2004，24 (1)：51 – 53.

[134] 刘英，李兆君. 基于胜任力完善知识型员工的自我职业生涯管理 [J]. 沿海企业与科技，2009，(6)：99 – 103.

[135] 梁镇，杜冰，刘非. IT 业知识型员工工作压力研究 [J]. 软科学，2008，22 (1)：129 – 135.

[136] 冯冬燕，吴芳，王斌. 高新技术企业知识型员工的工作压力源模式 [J]. 西安工程科技学院学报，2007，21 (2)：234 – 237.

[137] 郭晟，王金洲. 知识型员工压力管理新探析 [J]. 科技信息（学术版），2006，(12)：249 – 250.

[138] 徐光，陈秋丽. 基于心理契约视角的知识型员工压力缓解策略研究 [J]. 产业与科技论坛，2010，9 (1)：44 – 48.

[139] 任乐. 企业员工压力管理系统的构建——基于人力资源管理的视角 [J]. 企业活力，2010，(3)：83 – 87.

[140] 张兰霞，闵琳琳，方永瑞. 基于胜任力的人力资源管理模式 [J]. 东北大学学报（社会科学版），2006，8 (1)：16 – 19.

[141] 斯蒂芬·P·罗宾斯著，孙健敏等译. 组织行为学 [M]. 北京：中国人民大学出版社，2005.

［142］王素艳．基于胜任力的知识型员工的工作分析［J］．经济论坛，2009，（11）：135－136．

［143］王爱华．人力资本投资风险［M］．北京：经济管理出版社，2005．

［144］汪炯，许赛男．员工援助计划对现代压力管理的启示［J］．生产力研究，2012，（1）：203－204．

［145］张平．组织系统的系统激励——诱因、压力和员工行为的动力研究［D］．西安交通大学，2003．

［146］闵锐，李磊．对员工压力管理中积极压力源的分析［J］．华东经济管理，2008，22（9）：136－139．

［147］张丽坤，王海宽，刘开第．企业组织变革阻力评价的模糊综合评判模型［J］．数量经济技术经济研究，2004，（2）：94－99．

［148］陈春花，张超．组织变革的“力场”结构模型与企业组织变革阻力的克服［J］．科技管理研究，2006，（4）：203－206．

［149］王晓刚．新生代知识型员工管理困境及建议［J］．山东行政学院学报，2014，（3）：70－72，93．

［150］谢蓓．“80后”新型员工激励措施探讨［J］．技术与市场，2007，（2）：65－66．

［151］秦海军，蔡东宏．浅析企业知识型员工培训激励策略［J］．合作经济与科技，2013，（4）：24－25．

［152］王汉斌，杨晓璐．新生代知识型员工离职动因分析及对策［J］．哈尔滨商业大学学报（社会科学版），2011，（5）：53－56，66．

［153］王丽霞，钱士茹．从社会认知角度解析新生代知识型员工的管理［J］．中国石油大学学报（社会科学版），2012，28（6）：26－32．

［154］杨漫．中小企业新生代知识信息型员工的非物质激励［J］．电子测试，2013，（12）：20－21．

[155] 潘琦华. 新生代知识型员工职业倾向与管理对策探析 [J]. 衡水学院学报, 2013, 15 (3): 69 - 71.

[156] 李燕萍, 侯烜方. 新生代员工工作价值观结构及其对工作行为的影响机理 [J]. 经济管理, 2012, 34 (5): 77 - 86.

[157] 石冠峰, 韩宏稳. 新生代知识型员上激励因素分析及对策 [J]. 企业经济, 2014, (11): 62 - 66.

[158] 张丽娜. 浅析薪酬沟通对员工的激励效用 [J]. 内蒙古统计, 2009, (2): 39 - 40.

[159] 郑雪艳. 90 后员工行为特点分析 [J]. 经营管理者, 2010, (23): 272 - 273.

[160] 窦永虎. JG 公司 "80 后" 知识型员工流失问题的调查研究报告 [D]. 兰州大学, 2010.

[161] 孟慧斌. 80 后知识型员工激励的有效性研究 [D]. 山西财经大学, 2011.

[162] 兰枫. 80 后知识型员工工作价值观与工作投入研究 [D]. 首都经济贸易大学, 2012.

[163] 彭剑锋, 张望军. 如何激励知识型员工 [J]. 中国人力资源开发, 1999, (9): 12 - 15.

[164] 雷巧玲, 赵更申. 知识型员工个体特征对心理授权影响的实证研究 [J]. 科学学与科学技术管理, 2009, (8): 182 - 185.

[165] 穆欣. 心理契约对新生代知识型员工工作绩效影响: 组织社会化的调节作用 [D]. 重庆工商大学, 2014.

[166] 秦海军. 新生代知识型员工非物质激励因素研究 [D]. 海南大学, 2013.

[167] 王雅楠, 许素青. 新生代知识型员工非物质激励与其满意度的关系研究 [J]. 价值工程, 2014, (32): 189 - 190.

[168] 刘华. 新生代知识型员工的精神激励完善策略探究 [J]. 现代营销, 2014, (7): 41 - 42.

[169] 余海燕. 新生代知识员工绩效管理 [J]. 企业研究, 2011, (12): 127 – 128.

[170] 赵晨, 高中华. 新生代知识员工队伍的工作家庭冲突——基于人口特征差异交互效应的视角 [J]. 心理科学, 2014, 4 (37): 944 – 949.

[171] 王维. 心理资本对新生代知识型员工工作绩效影响研究 [D]. 江西财经大学, 2013.

[172] 邵丹, 黄小谷. 新生代知识型员工心理资本对离职倾向的影响研究——主观幸福感为中介变量 [J]. 长沙民政职业技术学院学报, 2013, 4 (20): 22 – 24.

[173] 郑明身. "持续改进管理", 并非保守落伍 [J]. 经济管理, 2006, (5): 6 – 10.

[174] 黄旭, 程林林. 透视战略变革——困难、方法与步骤 [J]. 经济体制改革, 2004, (2): 293 – 95.

[175] 赵普. 企业管理模式变革路径选择与组织知识效度的相关性研究 [J]. 科技管理研究, 2007, (12): 221 – 224.

[176] 理查德·L. 达夫特. 组织理论与设计 [M]. 北京: 清华大学出版社, 2003.

[177] 陈建林. "渐进式变革" 夕还是 "激进式变革"? ——宗申集团与黄河集团管理模式变革的比较研究 [J]. 科学学与科学技术管理, 2012, 33 (8): 144 – 151.

[178] 樊纲. 渐进改革的政治经济学分析 [M]. 上海: 上海远东出版社, 1996.

[179] 张黎明, 刘艳梅. 企业战略变革的类型分析 [J]. 西南民族大学学报 (人文社科版), 2004, 25 (4): 143 – 145.

[180] 张幼石, 赖明正, 组织变革中的利益冲突与化解 [J]. 商业时代, 2006, (3): 18 – 19.

[181] 蔡翔, 冯美珊. 促进组织变革的人力资源管理策略研究

[J]. 技术经济与管理研究, 2010, (6): 58 - 60.

[182] 王若军. 组织变革中人力资源管理的支持功能 [J]. 人力资源开发, 2007, (6): 18 - 20.

[183] 高静美, 陈甫. 组织变革知识体系社会建构的认知鸿沟——基于本土中层管理者 DPH 模型的实证检验 [J]. 管理世界, 2013, (2): 107 - 124, 188.

[184] 朱其权, 龙立荣. 国外员工变革反应研究综述 [J]. 外国经济与管理, 2011, (8): 41 - 49.

[185] 罗伯特·赫勒著, 章震宇译. 谋划变革 [M]. 上海: 上海科学技术出版社, 2000: 38.

[186] 张威. 组织变革情境下员工变革承诺的实证研究 [D]. 河南大学, 2012.

[187] 朱其权. 变革管理、仁慈领导与员工变革反应 [D]. 华中科技大学, 2012.

[188] 杜旌. 本土文化情境下领导行为对员工变革反应的影响: 基于图式理论的动态研究 [J]. 心理科学进展, 2013, (9): 1531 - 1541.

[189] 蒋衔武, 陆勇. 企业员工对组织变革的反应模型分析 [J]. 商业研究, 2009, (5): 71 - 73.

[190] 张启航. 员工对组织变革的行为立场二元选择机制研究: 基于情绪的差异作用 [D]. 浙江大学, 2010.

[191] 张婕, 樊耘, 纪晓鹏. 组织变革因素与员工对变革反应关系研究 [J]. 管理评论, 2013, (11): 53 - 64.

[192] 王慧. YH 公司管理者和员工的变革图式对其心理契约违背和 EVLN 行为的影响研究 [D]. 电子科技大学, 2011.

[193] 杨柳. 变革认知评价对 EVLN 积极层面的影响——以变革承诺为中介变量 [D]. 电子科技大学, 2012.

[194] 俞彬彬. 组织公平感与员工对组织变革反应的关系研究

[D]. 华东师范大学, 2009.

[195] 陈景秋, 童佳瑾, 王垒. 组织变革中员工态度和行为的管理研究 [J]. 中国人力资源开发, 2011, (2): 8-12.

[196] 杜景丽. 组织变革中员工变革认知和变革行为立场的关系研究：变革断裂带的调节机制 [D]. 浙江大学, 2014.

[197] 唐杰. 基于精细加工可能性模型的员工应对组织变革研究 [J]. 经济管理, 2010, (8): 178-184.

[198] 丁奕, 严云鸿. 组织变革犬儒主义探析 [J]. 商业时代, 2008, (24): 40-42.

[199] 杨欢, 李焕荣, 刘得格. 组织变革过程中员工犬儒主义的形成机理研究 [J]. 商业时代, 2014, (2): 102-103.

[200] 鲁虹. 减少员工对组织变革的抵制 [J]. 中国人力资源开发, 2005, (2): 51-54.

[201] 曾贱吉, 欧晓明. 组织变革认知对企业员工工作态度的影响及其作用机制 [J]. 企业经济, 2015, (4): 97-103.

[202] 凌文辁, 张治灿, 方俐洛. 中国职工组织承诺的结构模型研究 [J]. 管理科学学报, 2000, 3 (2): 76-81.

[203] 张治灿, 方俐洛, 凌文辁. 中国职工组织承诺的结构模型检验 [J]. 心理科学, 2001, 24 (2): 148-151.

[204] 樊耘, 阎亮, 张克勤. 组织文化、人力资源管理实践与组织承诺 [J]. 科学学与科学技术管理, 2012, 33 (9): 171-180.

[205] 凌玲, 卿涛. 培训能提升员工组织承诺吗——可雇佣性和期望符合度的影响 [J]. 南开管理评论, 2013, 16 (3): 127-139.

[206] 高翔, 罗家德, 郑孟育. 企业内部圈子对组织承诺的影响 [J]. 经济与管理研究, 2014, (7): 115-122.

[207] 陈瑾, 梁欢. 集体主义对组织承诺的影响研究 [J]. 浙江社会科学, 2013, (2): 101-105.

[208] L. Herscovitch, J. P. Meyer. Commitment to organizational

change: extension of a three-component model [J]. Journal of Applied Psychology, 2002, 87 (3): 474 – 487.

[209] Conner D. R. , Patterson R. W. . Building commitment to organizational change [J]. Training & Development Journal, 1982, 36 (4): 18 – 30.

[210] 秦志华, 王冬冬, 冯云霞. 组织变革承诺的提升机制模型与跨层次检验 [J]. 科学学与科学技术管理, 2015, 36 (12): 79 – 89.

[211] 张延燕. 培养员工对变革的承诺是企业变革成功的关键 [J]. 商业研究, 2014, (17): 47 – 49.

[212] 王明辉. 员工变革承诺研究: 概念、测量、诱因及效果 [J]. 南京师大学报 (社会科学版), 2012, (11): 103 – 109.

[213] 冯彩铃, 魏一, 张光旭. 资源保存理论视角下员工变革承诺的形成机制与效果: 一个概念模型 [J]. 中国人力资源开发, 2014, (15): 51 – 55.

[214] 袁佳. 组织变革承诺的形成及其对员工心理和行为倾向的影响 [D]. 电子科技大学, 2014.

[215] 冯彩玲, 刘兰华. 变革承诺研究述评 [J]. 商业时代, 2014, (35): 109 – 111.

[216] 邓今朝, 余绍忠. 突变情景下团队学习的时间效应和阶段特征 [J]. 科研管理, 2014, (3): 75 – 81.

[217] 王国猛, 赵曙明, 郑全全. 西方团队心理授权模型评价与展望 [J]. 管理学报, 2012, 9 (8): 1244 – 1250.

[218] 刘云, 石金涛. 授权理论的研究逻辑——心理授权的概念发展 [J]. 上海交通大学学报 (哲学社会科学版), 2010, 18 (1): 54 – 59.

[219] 刘景江, 邹慧敏. 变革型领导和心理授权对员工创造力的影响 [J]. 科研管理, 2013, 34 (3): 68 – 74.

[220] 汤学俊. 变革型领导、心理授权与组织公民行为 [J]. 南京社会科学, 2014, (7): 13–19.

[221] 孙瑜, 王惊. 变革型领导和员工建言: 心理授权的中介作用 [J]. 税务与经济, 2015, (1): 28–33.

[222] 白艳莉. 心理契约破裂对员工工作行为的影响——组织犬儒主义的中介作用 [J]. 财经问题研究, 2013, (9): 90–97.

[223] 丁桂凤. 解析职场中的犬儒主义: 基于心理学的视角 [J]. 南京师大学报 (社会科学版), 2014, (6): 108–115.

[224] 张士菊, 廖建桥. 西方组织犬儒主义研究探析 [J]. 外国经济与管理, 2006, 28 (12): 10–17.

[225] 张士菊, 廖建桥. 组织犬儒主义研究的新进展 [J]. 中南财经政法大学学报, 2007, (4): 14–19.

[226] 李焕荣, 杨欢, 刘得格. 组织犬儒主义的概念界定、影响结果和形成机制 [J]. 中国人力资源开发, 2013, (15): 137–141, 42.

[227] 苘邦寿, 向雪, 胡悦琴 [J]. 角色压力与中小企业离职现象分析——基于组织犬儒主义的中介作用分析 [J]. 企业技术开发, 2014, 33 (15): 40–42.

[228] 袁凌, 韩进, 涂艳红. 发展型职业生涯管理对员工犬儒主义的影响机制研究 [J]. 软科学, 2015, 29 (8): 101–106.

[229] 王丽平, 张琦. 组织不公正与犬儒主义行为的关系研究——基于关系补救的调节作用 [J]. 预测, 2015, 34 (1): 22–28.

[230] 向雪, 彭方. 企业员工双元压力与组织犬儒主义 [J]. 商场现代化, 2014, (21): 112–113.

[231] 张西超, 韦思遥, 姜莉, 胡靖. 新入职员工的职业期望与组织犬儒主义的追踪研究 [J]. 经济科学, 2014, (4): 106–115.

[232] 郭文臣, 杨静, 付佳. 以组织犬儒主义为中介的组织支持感、组织公平感对反生产行为影响的研究 [J]. 管理学报,

2015，12（4）：530 – 537.

[233] 王永跃，叶佳佳. 工具主义伦理气氛对员工沉默行为的影响——犬儒主义和传统性的作用 [J]. 心理科学，2015，38（3）：686 – 692.

[234] 闻桦. 组织变革中员工的犬儒主义研究 [D]. 北京交通大学，2007.

[235] 廖丹凤. 工作场所感知、组织犬儒主义与组织效果的关系研究 [D]. 厦门大学，2009.

[236] 朱丽娇. 心理所有权在组织变革中的作用机制：基于变革行为立场的差异 [D]. 浙江大学，2013.

[237] 丁士周. 员工变革认知与组织变革能力的关系研究——以大学毕业生群体为样本的实证研究 [D]. 东北财经大学，2013.

[238] 孙利婷，组织变革认知与工作投入关系的实证研究：以组织信任为中介变量 [D]. 东北财经大学，2015.

[239] 石伟，刘杰，组织变革中的员工反应研究 [J]. 商场现代化，2008，（2）：316.

[240] 张婕，樊耘，纪晓鹏. 组织变革因素与员工对变革反应关系研究 [J]. 管理评论，2013，（11）：53 – 64.

[241] 甘颖琳，韩晓燕，王宣城. 变革型领导行为与员工的变革态度：变革图式和不确定性感知的作用 [J]. 学术研究，2014，（7）：84 – 90.

[242] 张启航. 员工对组织变革的行为立场二元选择机制研究：基于情绪的差异作用 [D]. 浙江大学，2010.

[243] 严瑞丽，朱兵. 变革型领导风格对知识型员工的适应性分析 [J]. 科技进步与对策，2011，28（15）：150 – 153.

[244] 陈致中，许俊仟. 变革型领导：理论、结构与最新研究综述 [J]. 现代管理科学，2012，（9）：27 – 29，87.

[245] 石冠峰，杨高峰. 变革型领导、心理授权对亲社会性违

规行为的影响［J］. 企业经济，2015，(8)：114 – 120.

　　［246］唐杰，林志扬，石冠峰. 价值观匹配对员工应对组织变革的影响研究：多个模型的比较［J］. 华东经济管理，2012，26(8)：147 – 151.

　　［247］储小平，钟雨文. 个人—组织匹配视角下的变革型领导与员工建言行为研究［J］. 南方经济，2015，(4)：61 – 75.

　　［248］宁静. 员工对组织变革的结果预期、变革承诺与压力反应研究［D］. 电子科技大学，2013.

　　［249］张灿泉. 变革沟通对变革承诺的影响机制研究［D］. 浙江大学，2011.

　　［250］冯光明，肖林生，陈剑锋，余峰，冯靖雯，陆璐. 人力资源开发与管理［M］. 北京：机械工业出版社，2013.

　　［251］［美］彼得·圣吉著，郭进隆译. 第五项修炼——学习型组织的艺术与实务［M］. 上海：上海三联书店，1998.

　　［252］［美］曼斯（Manns, M. L.），［美］赖斯（Rising, L.）著，田冬青译. 拥抱变革：从优秀走向卓越的 48 个组织转型模式［M］. 北京：清华大学出版社，2014.

　　［253］［美］奥托·夏莫（C. Otto Scharmer）著，邱昭良，王庆娟，陈秋佳译. U 型理论：感知正在生成的未来［M］. 杭州：浙江人民出版社，2013.

　　［254］［美］里德·霍夫曼（Reid Hoffman），本·卡斯诺查（Ben Casnocha），克里斯·叶（Chris Yeh）著，路蒙佳译. 联盟：互联网时代的人才变革［M］. 北京：中信出版社，2015.